1988年,副市长、市语委主任陈昊苏在全市语委办主任会议上讲话。

1989年10月28日,市政府文教办、市城市文明建设协调办、市语委在宣武区召开"社会用字规范化样板街现场会"。副市长、市语委主任陆宇澄,国家语委副主任王均出席会议并讲话。

　　1991年2月10日，市语委召开北京市社会用字规范化总结表彰大会。国家语委常务副主任仲哲明，副市长、市语委主任陆宇澄出席会议并讲话。

　　1993年1月13日，市语委在市政府召开贯彻国务院六十三号文件工作会议。副市长、市语委主任陆宇澄出席会议并讲话。

1993年11月26日，市语委召开社会用字堵源截流工作经验交流会。副市长、市语委主任胡昭广，国家语委副主任仲哲明出席会议并讲话。

1994年2月28日，《北京市公共场所用字管理暂行规定》（北京市人民政府1994年第2号令）发布。发布后进行了广泛的社会宣传。

1994年3月16日,国家语委和北京市语委邀请在京参会的全国人大代表和全国政协委员视察北京市社会用字管理工作,并就语言文字工作进行座谈。

1994年3月16日,国家语委和北京市语委邀请在京参会的全国人大代表和全国政协委员视察北京市社会用字管理工作。图为现场检查西单北大街的用字情况。

1994年9月26日，副市长、市语委主任胡昭广代表市语委、市侨联授予香港爱国人士陈和景先生"情系中华，功垂香港"荣誉奖章一枚，并聘请其为市语委名誉顾问。

1995年6月12日，市语委召开北京市公共场所用字规范化现场会。国家语委主任许嘉璐，副市长、市语委主任胡昭广出席并讲话。图为许嘉璐、胡昭广为西城区语委、昌平县语委颁发"社会用字规范化"锦旗。

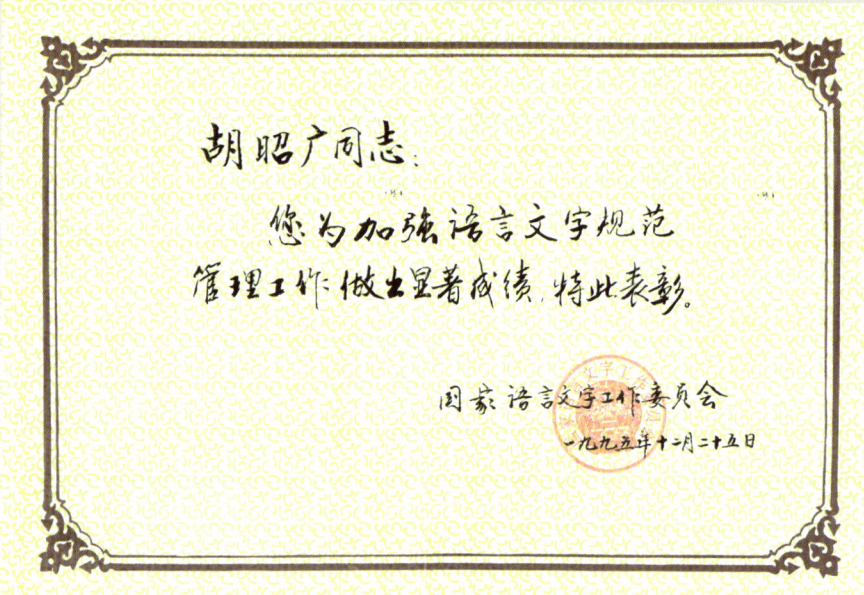

1995年12月25日,纪念文字改革和现代汉语规范化工作40周年大会在北京举行。国务院副总理李岚清代表党中央、国务院发表了重要讲话。大会对在语言文字应用管理工作中做出显著成绩的北京市副市长胡昭广等5个城市的副市长进行了表彰。

1996年4月24日,市语委召开我市公共场所用字规范化总结表彰大会。国家语委党组书记朱新均,副市长、市语委主任胡昭广出席会议并讲话。图为与会领导颁授锦旗。

1996年8月，市语委召开年度全委会。副市长、市语委主任胡昭广出席会议并讲话。

1997年4月3日，市语委、市商委联合在长安商场召开创建社会用字规范化商场现场会。国家语委主任许嘉璐，副市长、市语委主任胡昭广出席会议并讲话。

1997年12月27日,全国语言文字工作会议北京现场观摩会召开。国家语委党组书记朱新均,国家语委副主任孟吉平、傅永和,北京市副市长、市语委主任胡昭广出席现场会。

2002年12月10日至12日, 教育部、国家语委对北京市的语言文字工作进行考查评估。教育部副部长、国家语委主任袁贵仁,北京市副市长、市语委主任林文漪出席汇报会和总结会并发表讲话。图为教育部、国家语委北京市语言文字工作评估组合影。

2008年4月30日，市语委召开年度工作会。副市长、市语委主任赵凤桐出席会议并讲话。

2010年3月18日，2010年度北京市语言文字工作会议在市政府召开。副市长、市语委主任黄卫，教育部语用司司长王登峰出席会议并讲话。

2010年9月18日,第13届全国推广普通话宣传周闭幕式在本市昌平区举行。教育部副部长、国家语委主任李卫红出席并讲话。

2011年5月11日,市语委召开2011年度语言文字工作会议。教育部副部长、国家语委主任李卫红,北京市副市长、市语委主任洪峰出席会议并讲话。图为与会领导为区县颁奖。

2011年5月27日，中国语言资源有声数据库建设北京启动仪式和北京语言文化建设研究中心成立揭牌仪式在北京语言大学举行。教育部副部长、国家语委主任李卫红，北京市副市长、市语委主任洪峰出席仪式，为中心成立揭牌并讲话。

2012年2月19日，北京市语委示范校语言文化智力竞赛决赛暨颁奖仪式在崇文小学举行。副市长、市语委主任洪峰，教育部语信司司长李宇明出席活动。

2012年6月21日,副市长、市语委主任洪峰,教育部语用司司长姚喜双出席平谷区语言文字规范化示范创建工作汇报会并讲话。

2012年9月15日,第15届全国推广普通话宣传周开幕式在中华世纪坛举行。教育部部长袁贵仁、中央电视台台长胡占凡、北京市副市长程红出席开幕式。图为袁贵仁部长发表讲话。

2012年9月15日,第15届全国推广普通话宣传周开幕式在中华世纪坛举行。图为教育部副部长、国家语委主任李卫红参观语言文字工作成就展板。

2012年12月1日,第一届中国语言产业论坛在京举办。教育部副部长、国家语委主任李卫红,北京市副市长、市语委主任洪峰出席论坛开幕式并讲话。

2013年1月30日，北京语言文化建设促进会成立。老领导胡昭广、陶西平、段柄仁、徐锡安，著名书法家欧阳中石先生，教育部语用司司长姚喜双、北京市教委主任姜沛民出席会议并为促进会揭牌。

2015年3月24日，北京市中小学生辩论俱乐部启动仪式在北师大附属实验中学举行。市委常委、市委教育工委书记苟仲文出席活动。图为参赛选手与领导、专家合影。

1992年12月3日,市语委召开"北京市社会用字规范化大街现场会"。市长助理陶西平出席会议。

1997年4月22日,市语委办在北京教育学院举办第三期普通话水平测试员资格考核培训班。市教委、市语委副主任兰宏生出席。

1998年2月22日，市语委办在首都师范大学举办北京市第四期普通话水平测试员资格考核培训班。教育部语用司司长杨光出席并为学员颁发证书。

1999年9月，北京市商业系统召开语言文字工作会议。

2001年1月8日,市语委召开北京市专任教师普通话水平测试总结表彰大会。市教委、市语委副主任陶春辉出席。

2008年7月6日,市语委办在北京四中举行《北京市民迎奥运语言文字知识百题》赠书仪式。市教委主任刘利民,市教委、市语委副主任罗洁出席。

2008年9月20日，通州区副区长、区语委主任刘淑华参加第11届"推普周"活动，向群众发放宣传材料。

2008年11月，教育部在我市开展"网络语言、外语词、字母词"使用情况的调研。图为调研组在首都师范大学召开专家座谈会，教育部语用司司长王登峰出席。

2009年3月11日,市语委召开委员单位联络员会议。市教委委员、市语委副主任曹秀云出席。

2009年5月19日,北京市语言文字测试中心成立揭牌仪式暨2009年度工作会议在首都师范大学举行。教育部语用司司长王登峰、教育部语用所所长姚喜双、北京市教委主任刘利民出席。图为与会领导为测试分中心授牌。

2009年9月，市语委、北京日报联合举办"可口可乐原叶杯"北京市民迎国庆语言文字知识竞赛。竞赛试题刊登在13日《北京日报》上。

2009年9月19日，教育部语用司副司长张世平、市语委副主任曹秀云参加第12届"推普周"石景山区宣传活动。

2009年9月19日,平谷区副区长、区语委主任王晓光参加第12届"推普周"活动,向群众发放宣传材料。

2010年1月23日,市语委专家委员会第二次会议暨高校语言文化建设研讨会召开。市语委副主任曹秀云出席。

2010年4月20日，市语委副主任曹秀云一行10人赴天津市语言文字培训测试中心考察交流。

2010年5月，市语委副主任曹秀云一行8人赴安徽省普通话培训测试中心和科大讯飞公司考察计算机辅助普通话水平测试。

2010年7月16日至18日,教育部语用所所长姚喜双率全国普通话培训测试现状调研第八调研组在京进行调研。图为北京师范大学汇报会。

2010年9月28日,"北京语言产业研究中心"成立仪式在首都师范大学举行。市教委主任刘利民、首都师范大学党委书记张雪为中心成立揭牌。

2011年1月12日，市语委副主任曹秀云一行6人为著名语言学家周有光先生祝寿。

2011年7月，市语委副主任曹秀云一行23人赴广西师范大学考察计算机辅助普通话水平测试工作。

2012年5月,市语委办组织2011年度宣传工作绩优区县代表一行12人赴河南安阳参观中国文字博物馆。

2012年5月17日,市语委召开"中国语言资源有声数据库北京库、北京语言文化资源信息库"建设项目开题论证会。

2013年8月13日,通州区语委召开年度语言文字工作会,副区长、区语委主任李亚兰出席会议。

2013年9月11日,房山区语委在拱辰街道昊天文化广场举办第16届"推普周"启动仪式。副区长、区语委主任曹蕾出席。

2013年11月1日，"北京市盲人学校语言文字测试分中心"成立。图为市语委副主任曹秀云授牌。

2013年11月2日，北京语言智能协同研究院举行建设规划研讨会。市语委副主任曹秀云出席并为研究院授牌。

2013年11月30日,市语委主办、北京语言文化建设研究中心承办的"首届语言文化建设学术论坛"在北京语言大学举行。教育部语用司司长姚喜双、语信司副司长田立新、语用所副所长刘朋建、北京市语委副主任曹秀云等出席会议。

西藏自治区教育厅、西藏自治区语委赠送北京市教委、北京市语委唐卡挂毯,以表达对援藏工作的谢意。

2014年3月28日，新疆维吾尔自治区民族语言文字工作委员会（翻译局）致北京市语委感谢信。

2014年3月30日，市语委主办的第二届《中国汉字听写大会》北京选拔赛暨《北京市实施〈国家通用语言文字法〉若干规定》十周年纪念活动在北京市第十五中学举行。教育部语用司副司长彭兴颀、北京市教委委员李奕、西城区政府副区长陈宁等领导出席。图为一等奖获奖学生与领导、专家合影。

2014年5月12日,由北京语言产业研究中心承担的国家语委重大科研项目"语言产业经济贡献度研究"和重点科研项目"行业语言服务的理论研究与标准制定"开题报告会在首都师范大学举行。

2014年9月21日,通州区副区长、区语委主任李亚兰参加第17届"推普周"活动,向群众发放宣传材料。

2014年10月28日,教育部语用司在京召开《〈国家通用语言文字法〉实施办法》立法调研座谈会。北京市语委办承办此次会议。

2014年11月13日至22日,北京市语委援助西藏自治区语委干部培训班在京举行。教育部语用司副司长彭兴颀、北京市教委委员李奕出席开班式。图为培训班学员与领导合影。

2014年12月11日，市语委办、市语言文字测试中心在京举办十二省市语言文字培训测试工作学术研讨会，并以此纪念北京市语言文字测试中心成立五周年。教育部语用所所长、国家语委测试中心主任张世平，北京市教委委员李奕出席会议并致辞。

2015年1月5日至6日，市语委办召开2015年工作会议。图为市教委委员李奕为第八批北京市语言文字规范化示范校授牌。

2015年4月23日,中国教育报、北京市语委、商务印书馆共同主办的"中国教育报2014年度推动读书十大人物揭晓仪式暨北京市阅读能力研究发展中心成立大会"在商务印书馆举行。图为市教委委员李奕为"北京市阅读能力研究发展中心"揭牌。

2015年11月29日,首届京津地区中学生辩论赛决赛在北师大附属实验中学举行。市教委委员李奕出席。

2015年12月12日,京津冀中小学生诵读演讲辩论赛在芳草地国际学校双花园校区举行。北京市教委委员李奕出席。图为高中生辩论赛。

2015年12月17日,市语委支持的北京市国学教育师资培训项目通州区结业式在区教师研修中心实验学校举行。市教委委员李奕出席。

2015年12月26日,北京市中小学生系列辩论赛决赛在北京电视台演播厅举行。市教委主任线联平、市教委委员李奕出席。

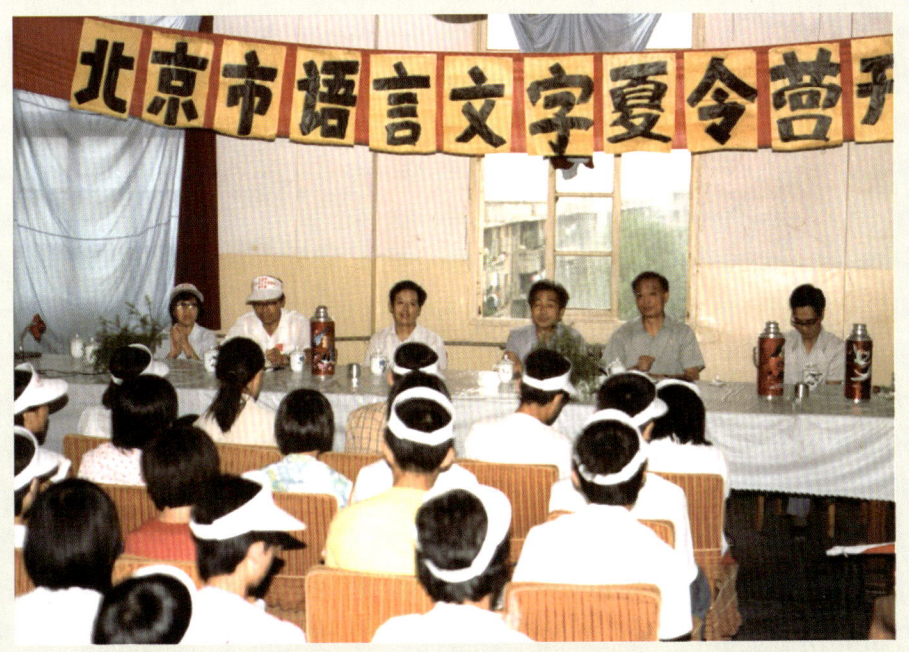

1987年7月27日至8月4日,市语委在西安举办中学生语言文字知识夏令营。

1995年，市语委办负责人范毓美在香港普通话研习社交流推普工作。

1998年9月，昌平县召开推广普通话宣传周座谈会。

1999年4月15日至6月15日,市教委、市语委举办首届专任教师普通话朗诵比赛。

2000年6月3日至4日,市教委、市语委举办第二届北京市专任教师普通话朗诵比赛决赛。

2000年9月,第3届"推普周"期间,语言文字工作部门组织学生开展社会用字"啄木鸟"活动。

2002年9月18日,西城区语委举办首届外地来京人员普通话大赛。

2004年7月至9月,市语委办举办两期《普通话水平测试大纲》培训班。图为市语委办主任吴晓燕主持结业式。

2007年12月25日,朝阳区语委办召开奥运功能区22个街乡语言文字工作会议,布置奥运功能区社会用字检查工作。

2008年5月12日,西城区语委办举办迎奥运语言文字规范标准培训班。

2008年9月,平谷区大华山镇召开公务员普通话培训会议。

2008年9月18日，海淀区田村路街道办事处对机关和社区干部100余人进行普通话培训。

2008年9月至12月，市语委对党政机关和公共服务行业25个单位进行评估检查。图为市语委办主任贺宏志主持现场会。

2008年10月25日,北京市教育系统"中华经典诵读"活动决赛在市教委举行。图为中国石油大学留学生表演古诗联诵。

2009年2月18日至19日,市语委办召开年度区县语委办工作会议。市语委副主任曹秀云出席。

2009年5月下旬，北京市语委办、北京市语言文字测试中心派专家援助西藏自治区省级普通话水平测试员资格考核培训工作。

2009年9月28日至29日，市语言文字测试中心举办2009年度北京市普通话水平测试员骨干培训班。

2010年8月21日至29日,市语言文字测试中心举办第十期(高校第一期)北京市级普通话水平测试员资格考核培训班。

2010年11月26日,市语言文字测试中心召开测试管理人员信息化工作培训会。

2010年12月12日,北京市语言文字规范化示范校语言文化知识竞赛半决赛在北京语言大学举行。

2010年12月17日,我市首场汉语口语水平测试在北京联合大学举行。

2011年6月12日至24日，市语委评估检查工作组分两组集中开展了首批市级语言文字规范化示范街道、示范乡镇的创建评估检查工作。图为海淀区甘家口街道办事处接受语言文字工作评估检查。

2012年11月27日至28日，"寻找正宗老北京 保护地道北京话"发音人遴选面试在西城区语委办举行，招募"中国语言资源有声数据库北京库"城区老北京话发音人。图为面试现场。

2013年1月23日至24日，市语委办召开年度工作会议。教育部语用司司长姚喜双做学习《国家中长期语言文字事业改革和发展规划纲要（2012——2020）》的辅导报告。

2013年5月3日，市语委办主任贺宏志应邀做客北京电视台财经频道《数说北京》节目，与主持人和评论员互动共叙"说"出来的经济及我市发展语言产业之道。

2013年5月上旬,市语委办选派专家援助西藏自治区第六期普通话水平测试员资格考核培训工作。

2013年7月5日,市语委办党支部、密云县东邵渠镇中心小学党支部举办"1+1"共建活动,并联合致公党西城区委第15支部在该校举行"致公鸿屹助教助学"启动仪式。

2013年9月25日，"北京吉利大学语言文字测试分中心"成立。市语委办及市语言文字测试中心主任贺宏志、吉利大学副校长李克安为测试分中心成立揭牌。

2014年3月30日，市语委主办的第二届《中国汉字听写大会》北京选拔赛暨《北京市实施〈国家通用语言文字法〉若干规定》十周年纪念活动在北京市第十五中学举行。图为漫画诗配画获奖作品展示。

2014年3月30日，市语委主办的第二届《中国汉字听写大会》北京选拔赛暨《北京市实施〈国家通用语言文字法〉若干规定》十周年纪念活动在北京市第十五中学举行。图为校园情景剧展演。

2014年4月29日，市语委研究基地——北京华文学院语言文化传播研究中心成立。市语委办主任贺宏志、北京华文学院院长周锋为研究中心揭牌。

　　2014年12月9日，根据市委教育工委、市教委《关于建立教育机关领导干部联系中小学校制度的意见》及实施方案，市语委办主任贺宏志、丰台区教委副主任刘建宾、海淀区教委副调研员杨胜利、大兴区教育督导室副主任石凤玲对德茂中学和亦庄实验小学进行调研。图为进课堂听课。

　　2014年12月20日，市语委主办的全市小学成语文化知识才艺竞赛活动决赛在朝阳师范附属小学举行。

2015年3月17日至20日，市语委与市卫生计生委联合主办两期医疗机构语言服务规范培训班。

2015年5月14日至15日，2015中国汉字听写大会全国巡回赛北京市冠军赛在北京航空航天大学举行。图为将代表北京市参加全国总决赛的五位胜出选手。

2015年5月29日至30日,朝阳区语委办在全市率先启动中小学教师普通话水平提升培训工作。市语委办主任贺宏志出席开班式并做动员。

2015年7月12日,第三届中华吟诵周开幕式在首都师范大学体育馆举行。

2015年11月17日至19日,市语委办主任贺宏志率检查调研组深入基层学校,先后对平谷区、顺义区、密云区、怀柔区、房山区、门头沟区创建北京市语言文字规范化示范校工作进行了检查调研。

2015年11月24日至27日,市语委与市公园管理中心联合举办两期公园旅游业语言服务规范培训会。

2016年1月12日至13日,市语言文字工作培训会暨市语委办年度工作会举行。会议进行了教师语言服务规范的培训。市语委副主任李奕出席。

西城区教委、区语委开展第14届"推普周"宣传教育活动。

房山区教委、区语委开展第18届"推普周"宣传教育活动。

通州区教委、区语委举办初中生演讲比赛。

纪念北京市语言文字工作委员会成立三十周年

北京市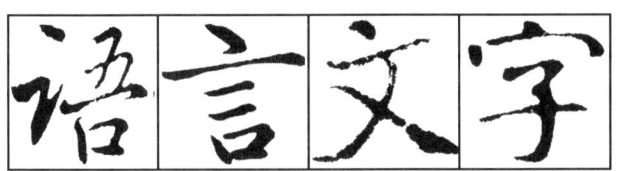工作三十年

BEIJINGSHI YUYAN WENZI
GONGZUO SANSHINIAN

贺宏志 主编

首都师范大学出版社
CAPITAL NORMAL UNIVERSITY PRESS

图书在版编目(CIP)数据

北京市语言文字工作三十年/贺宏志主编. —北京：首都师范大学出版社，2016.5
ISBN 978-7-5656-2230-4

Ⅰ.①北… Ⅱ.①贺… Ⅲ.①汉语规范化－工作－大事记－北京市 Ⅳ.①H102

中国版本图书馆 CIP 数据核字(2016)第 098546 号

BEIJINGSHI YUYAN WENZI GONGZUO SANSHINIAN
北京市语言文字工作三十年
贺宏志　主编

责任编辑	孙　琳

首都师范大学出版社出版发行

地　　址	北京西三环北路 105 号
邮　　编	100048
电　　话	68418523(总编室)　68982468(发行部)
网　　址	www.cnupn.com.cn
印　　刷	北京集惠印刷有限责任公司
经　　销	全国新华书店
版　　次	2016 年 5 月第 1 版
印　　次	2016 年 5 月第 1 次印刷
开　　本	710mm×1000mm　1/16
印　　张	16.25　插页 96
字　　数	160 千
定　　价	58.00 元

版权所有　违者必究
如有质量问题　请与出版社联系退换

北京市语言文字工作三十年编委会

主　　任：李　奕

副 主 任：贺宏志　安晶晶

主　　编：贺宏志

副 主 编：戈兆一

编　　者：（按姓氏笔画为序）

　　　　　王利利　邓　鸿　朱海平

　　　　　杜琪方　李志利　李赫宇

　　　　　赵　晴

目 录

北京市语言文字工作三十年纪略(1986年至2016年) ············ 1
北京市语言文字工作大事记(1986年至2016年) ············ 41
北京市语言文字工作委员会发文目录(1991年至2016年) ········ 161

附录 ·············· 202
北京市实施《中华人民共和国国家通用语言文字法》若干规定 ····· 202
北京市公共场所用字管理暂行规定 ················ 206
北京市语言文字工作委员会领导、北京市语言文字工作委员会
    办公室负责人及工作人员 ················· 208
北京市语言文字工作委员会组成部门(2013年以来) ·········· 210
北京市各区语言文字工作委员会办公室负责人及主要工作人员
    (2008年以来) ···················· 213
北京市语言文字测试中心及分中心 ················ 216
北京市语言文字工作委员会研究基地及研究项目、研究成果 ······ 219
北京市语言文字工作委员会主管的社会团体 ············ 225
北京市语言文字规范化示范校(300所) ·············· 227
北京市语言文字规范化示范街道、示范乡镇(100个) ········· 240
北京市语言类非物质文化遗产名录 ················ 245

后记 ·············· 254

北京市语言文字工作三十年纪略
(1986年至2016年)

1986年1月6日至13日，全国语言文字工作会议在北京召开。这次会议是继1955年10月全国文字改革会议30年之后第二次全国语言文字工作体系的盛会。万里同志、胡乔木同志代表党中央、国务院分别出席开幕式、闭幕式并发表重要讲话。此前的1985年12月16日，国务院将中国文字改革委员会更名为国家语言文字工作委员会，作为管理全国语言文字工作的国务院职能部门。正是在这一形势背景下，北京市政府于1986年4月16日成立了北京市语言文字工作委员会，由主管教育的副市长兼任北京市语言文字工作委员会主任。到2016年，副市长陈昊苏、陆宇澄、胡昭广、林文漪、赵凤桐、黄卫、洪峰、苟仲文、王宁等同志先后担任市语委主任。市教育行政部门分管领导兼任市语委副主任，负责市语委常务工作。1986年至1996年，市语委办公室设在北京市教育局；1996年2月，北京市教育委员会成立，内设语言文字工作处，承担市语委办公室的工作职能。

市语委成立30年来，北京市语言文字工作获得了长足的发展，工作体系和规模逐渐壮大，工作内容和成果逐渐丰富，工作形式和手段逐渐多样化，工作影响力也逐渐增强。按照重要事件的历史节点，北京市语言文字工作的发展进程大致划分为四个阶段。

一、第一阶段：1986年至1994年

这一阶段的标志性事件为北京市语言文字工作委员会的成立和《北京市公共场所用字管理暂行规定》(北京市人民政府1994年第2号令)的颁行。

1986年全国语言文字工作会议确定的语言文字工作的主要任务是：加强语言文字的基础研究和应用研究，做好现代汉语规范化工作；大力推广和积极普及普通话；研究和整理现行汉字，制定各项有关标准；研究汉语汉字信息处理的有关问题，参与鉴定有关成果；进一步推行《汉语拼音方案》，研究并解决实际使用中的有关问题；加强社会调查，做好和语言文字有关的社会咨询服务工作。万里同志在讲话中指出：广泛使用电子计算机来处理各种信息，是新技术革命的重要内容，当前大家感兴趣并正在广泛研究的计算机输入方法，就和语言文字工作有密切关系。文化教育建设是现代化建设的基础，而语文建设又是基础的基础。他还强调指出：当前，社会上滥用繁体字，乱造简化字，甚至随便写错别字。这对两个文明建设是很不利的，已经引起了国内外各方人士的关注，各界人士纷纷提出批评意见。这种现象应该引起我们的

北京市语言文字工作三十年纪略
(1986年至2016年)

注意,我们应当采取切实有效的措施,加以干预和纠正。

北京市语委认真贯彻落实会议精神,重点围绕推广普通话特别是在各级各类学校普及普通话、加强社会用字规范化管理,进行了大量卓有成效的工作。仅从1991年至1994年的发文来看,有关这两方面的文件数达30余件。从《大事记》中可以看出,围绕这两方面重点工作,组织开展了一系列活动,产生了广泛而深远的社会影响,为北京市语言文字社会应用的规范化工作打下了一个很好的基础。这些活动包括:1986年3月1日至15日,市语委、市团委在首都青少年中开展"让春风吹走首都街头错别字"活动,据不完全统计,共发现37000多处不规范字;1986年9月至1987年11月,市公安局、市广电局、市机械工业局、市文化局、市园林局、市新华书店、市外企服务总公司等,就加强社会用字规范化标准化、规范出版物上数字用法、检查各种牌匾使用简化字等做了大量工作。市语委联合有关部门多次举办中小学生、师范生语言文字知识竞赛和语言文字知识夏令营活动。市语委联合市政府文教办、市精神文明建设办、市商委、市工商行政管理局、市环卫局、市新闻出版局、市公交总公司等相关部门召开的社会用字规范化现场会、座谈会、观摩会、经验交流会、检查视察和总结表彰会达20余次,命名了一批社会用字规范化优秀区、样板街和先进单位。1990年7月10日至12日,国家语委在北京召开社会用字管理现场会,北京市语委介绍了整顿300条大街社会用字的过程和做法。1993年11月26日,市语委召开社会用字堵源截流工作经验交流会,会议总结的堵源截流工作的有效措施主要有：工商行政管理和市容管理部门在审批营业执照时同时审批牌匾、广告用字小样；凡需工商行政管理和市容管理部门批准设置的牌匾、广告，设置单位须先经语言文字工作部门进行文字审核等。1993年2月23日至5月30日，市语委办与《北京晚报》群工部联合开辟《规范用字大家谈》专栏。1994年3月25日至6月25日，市语委、市教育局、北京教育报社联合举办全市40万名中小学生参加的语言文字知识竞赛，副市长、市语委主任胡昭广寄语知识竞赛："语言文字的规范化是国家现代化的基础。在中小学校开展语言文字规范化宣传教育，培养中小学生语言文字规范化意识，益在当代，功在千秋。"

在总结几年来社会用字规范化管理经验的基础上，1994年2月28日，北京市人民政府1994年第2号令发布《北京市公共场所用字管理暂行规定》，该项政府规章的发布标志着北京市公共场所用字管理工作纳入法制轨道。3月24日，市语委举办了《北京市公共场所用字管理暂行规定》执法培训班。4月17日，为集中解答2号令涉及的焦点问题，市语委办在北京电视台六频道《为您咨询》栏目举办了公共场所用字电视现场咨询。10月26日，市语委在市政府召开全委工作会议，审议通过了《北京市公共场所用字管理暂行规定实施细则》。

二、第二阶段：1995年至2002年

这一阶段的标志性事件有开展普通话水平测试特别是大

规模的教师普通话水平测试,启动全国推广普通话宣传周活动,学习、宣传和贯彻《中华人民共和国国家通用语言文字法》。

1997年12月23日至27日,第三次全国语言文字工作会议在京举行。李岚清同志发表了题为《做好语言文字工作,为现代化建设服务》的讲话。他的讲话指出:"就加速科技发展来说,中文信息处理技术是高技术的重点之一,而语言文字的规范化标准化和相应的应用研究水平,则是提高中文信息处理技术的先决条件。就提高劳动者素质来说,主要在于提高思想道德素质和科学文化素质,而语言文字能力又是文化素质中最基本的因素。所以,语言文字工作是社会主义文化建设的重要内容之一,是国家现代化建设事业不可缺少的组成部分。"许嘉璐同志做了题为《开拓语言文字工作新局面,为把社会主义现代化建设事业全面推向21世纪服务》的主报告。报告提出了新时期语言文字工作的主要任务是:坚持普通话的法定地位,大力推广普通话;坚持汉字简化的方向,努力推进全社会用字规范化;加大中文信息处理的宏观管理力度,逐步实现中文信息技术产品的优化统一;继续推行汉语拼音方案,扩大使用范围。报告还指出,李岚清同志的讲话进一步明确了中文信息处理工作是我国语言文字工作的重要组成部分,钱学森同志也认为,电子计算机软件也是语言文字工作。

1995年12月12日,国务院令第188号发布了《中华人民共和国教师资格条例》,随后,中华人民共和国教育部令第10

号发布了《〈教师资格条例〉实施办法》,规定了教师任职资格的普通话水平要求。

1997年1月6日,国务院第134次总理办公会议决定,每年9月的第三周是全国推广普通话宣传周,第一届"推普周"自1998年开始。

中华人民共和国第九届全国人民代表大会常务委员会第十八次会议于2000年10月31日通过《中华人民共和国国家通用语言文字法》,中华人民共和国主席第三十七号令予以发布,自2001年1月1日起施行。《中华人民共和国国家通用语言文字法》是为推动国家通用语言文字的规范化、标准化及其健康发展,使国家通用语言文字在社会生活中更好地发挥作用,促进各民族、各地区经济文化交流,根据宪法而制定的法律。这是我国第一部关于语言文字的专门法律。此法确立了普通话和规范汉字的"国家通用语言文字"的法定地位。

北京市语委在这一阶段,围绕贯彻落实第三次全国语言文字工作会议精神、完成教师任职资格要求的普通话水平测试任务、开展全国推广普通话宣传周活动以及学习、宣传、贯彻、落实《中华人民共和国国家通用语言文字法》,进行了大量卓有成效的工作。

从发文来看,涉及普通话水平测试工作的达35件之多。这反映了《教师资格条例》及其《实施细则》颁布后,语言文字工作积极作为,应对教师须持相应的普通话水平等级证书上岗的法规要求。1994年8月,北京市编办批准了市教育局和市文教办的请示,同意北京市语言文字工作委员会成立"北京市普通话培训测试中心",该中心和市语言文字工作委员会办公室一个机构两块牌子,编制和领导职数均不增加。1995年6月20日,市语委、市高教局、市广电局、市教育局联合印发《关于落实国家三部委〈关于开展普通话水平测试工作的决定〉的通知》,开始有计划、大规模地开展在职教师和师范生的普通话水平培训测试工作。为了确保这一任务的执行,1995年至2002年,有关部门先后举办七期普通话水平测试员资格考核培训班,培养了740名市级普通话水平测试员。共完成近18万人次的测试任务,参测人员主要是在职教师和在校师范生,占70.6%。

这一阶段开展了五届"推普周"宣传活动。在大力推广普通话的同时,深入推进社会用字规范化工作。1995年6月12日,市语委召开北京市公共场所用字规范化现场会。国家语委主任许嘉璐出席会议并在讲话中指出:"北京市的社会用字管理工作立足点高、工作扎实、经验丰富、效果显著。北京是全国的窗口,北京市公共场所用字面貌代表着国家的文明形象。"1995年7月,市公安局、市旅游局、市文化局、市园林局、市一商局、北京卫戍区政治部相继印发关于加强社会用字规范管理、公共场所用字检查、用字规范化达标的意见、通知。1995年12月25日,纪念文字改革和现代汉语规范化工作40周年大会在京举行。国务院副总理李岚清代表党中央、国务院做了重要讲话。大会对在语言文字社会应用管理工作中做出显著成绩的北京市副市长胡昭广等五个城市的副市长进行了表彰。1996年7月10日至9月20日,市语委开展请市民共查街头不规范字的活动,北京地区主要媒体对活动进行了采访报道。1997年4月18日,长安商场、北京百货大楼、西单商场等21家商场发出创建"社会用字规范化单位"倡议书,此后,共有433家商场、医院及其他公共服务单位被授予"社会用字规范化单位"奖牌。1997年12月26日,全国语言文字工作会议召开表彰会,北京市有13名个人和包括市语委办在内的11个单位荣获全国先进称号。

1996年4月,市语委办组织力量对《北京日报》《北京晚报》和北京电视台一频道、二频道进行监测,并出具了监测报告(错误数、错误率等)。2001年11月至12月,市语委办再次组织力量对北京人民广播电台7个频道、北京电视台5个频道、北京地区13种报刊的语言文字使用情况进行监测。2002年7月至11月,市语委办又组织力量抽查了《北京日报》《北京晚报》《北京青年报》以及北京电视台191个栏目标题的用字情况,给予反馈并要求整改。为配合全国推广普通话宣传周活动的举办,市语委办开展了面向社会征集语言文字工作宣传语、推广普通话宣传画,"我与普通话"有奖征文,全国普通话广播大赛和公务员普通话朗诵大赛,教师普通话朗诵大赛和中学生语言文字公益广告制作竞赛等一系列丰富多彩的活动。1998年9月13日,首届"推普周"的第一天,市语委与北京人民广播电台联合开办的《大家都说普通话》节目首播,北京电视台播出四集专题片《中华民族的通用语言——普通话》,北京人民广播电台还开辟了《普通话沙龙》栏目。2000年11月20日,市语委印发《关于开展宣传〈中华人民共和国国家通用语言文字法〉活动的通知》。

自1999年起，市语委即着手迎接一类城市语言文字工作评估。1999年11月10日，市语委组织有关部门召开《一类城市语言文字工作评估指导标准》征求意见座谈会。2002年市语委1号文发出《关于全面部署开展语言文字工作评估的通知》，此后接连印发《北京市区县、市属委办局实施〈一类城市语言文字工作评估指导标准〉细则》和《关于对市属委办局语言文字工作进行初评检查的通知》。2002年3月21日，市语委召开市属委办局语言文字工作会议，会议主题是"迎接一类城市语言文字工作评估"。2002年6月20日，市教委、市语委召开"城市语言文字评估工作会议"，为各单位部署迎评工作任务，要求在自查自纠基础上加强整改，做好迎接国家语委评估的各项准备。同年9月5日至10月11日，市语委对八城区实施语言文字工作进行检查初评，涉及85个部门和单位。同年12月10日至12日，教育部、国家语委对北京市的语言文字工作进行了考查评估。评估组认定：北京市现阶段语言文字的社会应用符合《国家通用语言文字法》的规定和要求，提前实现了"普通话初步普及、汉字的社会应用基本规范"的新世纪初叶工作目标要求，并达到了较高的规范化水平。

三、第三阶段：2003年至2007年

这一阶段的标志性事件为北京市在全国率先完成二类城市语言文字工作评估，率先颁布地方性法规，开展语言文字规范化示范校和达标单位的创建工作。

2003年年初，市语委办印发《关于开展北京市二类城市（远郊区县）语言文字工作评估的通知》。4月至11月，市语委在全国率先完成了二类城市语言文字工作的评估。评估采用区县初评，全员动员、培训、整改，市评估组抽查的方式，内容包括语言文字应用综合管理、普及普通话情况和社会用字管理情况等方面，涉及10个远郊区县的党政机关、新闻媒体、教育机构和公共服务行业，共检查了100个单位。远郊区县全部通过评估检查。

2003年5月30日，北京市第十二届人民代表大会常务委员会第四次会议通过《北京市实施〈中华人民共和国国家通用语言文字法〉若干规定》，自2003年8月1日起施行。6月20日，中共北京市委宣传部、市人大常委会教科文卫体委员会、市教委、市司法局、市语委联合印发《关于学习宣传和贯彻实施〈北京市实施〈中华人民共和国国家通用语言文字法〉若干规定〉的通知》。这是继《中华人民共和国国家通用语言文字法》颁布后，北京市在全国率先制定的地方性法规，标志着北京市语言文字工作的法制化进程前进了一大步。

在语言文字规范化创建工作方面，这一阶段开展了语言文字规范化达标单位和示范校的创建工作。2004年6月，经检查评估，16个党政机关的语言文字工作全部达标，成为首批北京市语言文字规范化达标单位，2005年17个、2006年14个、2007年23个党政机关和公共服务单位相继被认定为北京市语言文字规范化达标单位。2005年3月，市教委、市

北京市语言文字工作三十年纪略
(1986年至2016年)

语委转发《〈教育部、国家语委关于开展语言文字规范化示范校创建活动意见〉的通知》，要求将语言文字规范化纳入学校培养目标、常规管理和基本功训练，渗透到德、智、体、美各项教育及社会实践各项活动中。当年10月至12月，市语委办开展了语言文字规范化示范校评选活动，以学校为单位，分为学校自评申报、区县初评、市语委专家组评审3个阶段，共有115所学校申报，其中的23所中小学被评为首批北京市语言文字规范化示范校，2006年28所、2007年31所中小学相继被认定为北京市语言文字规范化示范校。2007年7月，经教育部、国家语委审核，北京市12所学校被认定为首批国家级语言文字规范化示范校。

这一时期，为贯彻实施《中华人民共和国国家通用语言文字法》和《北京市实施〈中华人民共和国国家通用语言文字法〉若干规定》，在宣传教育、培训测试和信息化建设方面，也卓有成效地开展了工作。2003年7月14日，"北京市语言文字网"(www.beijing-language.gov.cn)开通，在当年的全国语言文字工作政务信息化评优活动中，荣获二等奖。2004年4月至10月、2005年2月至4月，市语委开展了社会用字调研工作，范围涉及长安街、平安大街、两广路沿线及二环、三环道路两侧的社会用字情况。为了更好地开展城市社会用字监管与服务，2005年5月8日，市语委聘用84位同志为首批北京市社会用字监督员，后来发展到100位。他们以区县为单位，负责监督辖区内的社会用字，宣传国家语言文字工作法律法规，同时督促纠正社会的不规范用字现象。2004年8月

14日至9月7日，市语委办在北京市语言文字网、北京人民广播电台和《北京广播电视报》连续播出或刊登试题，举办国家通用语言文字法律法规知识竞赛，除北京市民外，还有11个省市的听众和读者，共12000余人参加了竞赛，竞赛发挥了很好的宣传作用。配合全国推广普通话宣传周活动，市语委与市人事局联合举办了三届公务员普通话竞赛，与北京人民广播电台联合举办了三届市民语言文字知识竞赛。在普通话培训测试工作方面，市语委办举办了多期《普通话水平测试大纲》培训班，组织专家研编了测试辅导教材《普通话水平测试指导用书（北京版）》，印发了《北京市普通话水平测试管理工作若干规定》和《普通话水平测试工作规程细则》。2006年和2007年，市语委办还面向外来务工人员开展了免费的普通话培训测试，先后有1500人参加了培训测试并取得普通话水平等级证书，为他们在京工作、学习和生活提供了便利。

四、第四阶段：2008年至2016年

2008年，盛大的第29届奥林匹克运动会在北京举行。2009年，举国欢庆新中国成立60周年。2011年，中国共产党迎来了建党90周年。北京市提出"人文北京、科技北京、绿色北京"发展战略，中央提出京津冀协同发展战略。党的十七届六中全会决定中要求"大力推广和规范使用国家通用语言文字，科学保护各民族语言文字"。党的十八大胜利召开和习近平总书记一系列重要讲话精神，对新时期语言文字工作提

出了新的要求:"建设优秀传统文化传承体系,弘扬中华优秀传统文化""讲述好中国故事,传播好中国声音"。适逢一系列重大的历史节点,面对新的机遇与挑战,北京市语言文字工作认真贯彻中央决议精神和首都发展战略,积极落实《国家中长期语言文字事业改革与发展规划纲要(2012—2020)》,布局"一体两翼"发展方略,夯实推广普通话、推行规范汉字、推进语言文字信息化等常规工作,促进语言文字工作与文化建设、经济建设的结合,以科学研究推动语言事业的繁荣和语言产业的发展,着力提升语言文字社会应用的管理、服务能力,实现社会语言生活的和谐,各项工作增量推进。

(一)制度建设创新发展

2013年5月21日,《北京市实施〈国家中长期语言文字事业改革与发展规划纲要(2012—2020)〉的意见》(以下简称《实施意见》)发布。自2011年3月起,市语委分别召集区县语委办负责人座谈会、专家座谈会、市语委部分成员单位座谈会,2013年3月1日又召开了国家语委领导参加的论证会。听取多方建议,《实施意见》数易其稿,力求体现北京特色,融入北京精神。《实施意见》由指导思想、工作目标、主要任务、保障措施四部分组成,将2012—2020年工作任务细化为50个具体目标,进行任务分解,形成时间表和路线图,具备了较强的可操作性。

2013年6月5日,市语委与市人大教科文卫体委员会办公室、市政府办公厅、市政府法制办、市政府教育督导室、市教委会商《北京市实施〈中华人民共和国国家通用语言文字法〉若干规定》颁布十周年执法调研和示范创建检查工作。2014年10月28日，教育部语用司召开《〈国家通用语言文字法〉实施办法》筹备立法北京地区调研会，来自市和区两级工商行政管理部门、市政市容管理部门、城市管理综合行政执法部门、公园管理部门及部分区县语委办、街道办事处的同志就《〈国家通用语言文字法〉实施办法》的立法提出了意见和建议。

2009年10月，市语委参与全市各区县全面实施素质教育情况督导评估工作，标志着语言文字工作开始尝试纳入教育督导工作体系。《北京市"十二五"时期教育事业改革和发展规划》要求将学校语言文字工作纳入教育督导工作。2013年，教育部督导团办公室、教育部语用司印发《关于开展中小学语言文字工作督导评估的通知》，市语委办召开研讨会，在充分征求意见的基础上，使该《通知》的五项具体要求在素质教育综合督导工作实施办法的修订工作中得以落实。2015年8月13日，国务院教育督导委员会办公室印发《语言文字工作督导评估暂行办法》，市语委、市政府教育督导室决定共同研制《北京市语言文字工作督导评估实施办法》。2015年6月4日，市教委、市语委印发《关于加强高等学校语言文化建设的意见》，指导全市高校语言文字工作的开展。

2013年以来，市语委组织力量开展医院、旅游、学校、商场、公交、银行、邮电等行业领域的语言服务规范制定工作。

市语委与市人事行政部门联合每三年表彰奖励语言文字

工作先进集体120个、先进个人200名,健全工作激励机制。表彰奖励工作已开展两届(2010至2012年,2013至2015年)。

(二)工作体系不断壮大

市语委不断充实、完善语言文字工作体系。市语委成员部门和单位适时调整、增补,2016年有成员部门和单位50个。相继增补市政府办公厅、卫戍区政治部、市高级法院、市检察院、市外办、市侨办、市城管执法局等为市语委组成部门。

2009年5月,市编办批准成立正处级全额拨款事业单位"北京市语言文字测试中心",人员编制8名。语言文字测试工作步入跨越式发展阶段,2016年有测试分支机构38个。自1995年起,已举办普通话水平测试员资格考核培训班12期,培养市级测试员1000名,其中国家级普通话水平测试员200余名。

2010年9月,市语委依托首都师范大学成立国内首家语言产业研究机构"北京语言产业研究中心"。2011年5月,市语委依托北京语言大学成立"北京语言文化建设研究中心"。2013年1月,经市社团登记管理部门批准,市语委领导下的以语言产业界为主导的社会团体"北京语言文化建设促进会"正式成立。2013年10月,北京市语言文字工作委员会研究基地"北京语言智能协同研究院"落户首都师范大学。2014年4月,市语委研究基地"语言文化传播研究中心"在北京华文学院揭牌。2015年4月,市语委研究基地又添新成员,与商务印书馆合作成立"北京市阅读能力研究发展中心"。2016年3

月，市社团登记管理部门批准市语委领导下的语文教育界和语言文字工作界社会团体"北京语言文字工作协会"筹备成立。至此，"一体两翼"方略下的语言文字工作体系框架日趋完善。

(三)宣传教育丰富多彩

宣传教育是语言文字工作的灵魂和主线。市语委办构建了以市语委机关报、语言文化普及读本、知识在线测试系统、宣传教育竞赛活动、业务培训、媒体采访报道、语言文字工作导览图、宣传标牌等为载体的形式多样、内容丰富的全方位宣传教育工作格局。同时，各区语委办积极响应，主动作为，持续有效地开展宣传教育工作。

2008年7月，市语委创办机关报《语文导报——语言文字工作专刊》，截至2016年5月，累计发刊95期，寄发北京和全国语言文字工作系统，广泛宣传北京语言文字工作，交流工作经验，发表工作成果。市语委组织专家研编语言文化知识普及读物《北京市民迎奥运语言文字知识百题》《首都市民迎国庆语言文字知识读本》《北京市中小学师生语言文化知识读本》《北京市语言文字工作手册》《国家通用语言文字规范标准手册》《学习资料汇编》《语言文字水平测试宣传册》《北京市语言文字工作导览图》等，向语言文字工作系统、基层单位和市民群众、学校师生发放，宣传触角深入社会各个层面，受到广泛欢迎。2013年和2014年，面向有关行业系统、语言文字规范化示范单位，设计、制作语言文化建设标牌等多种特色宣传品，发放近10万件。

以北京语言文字网为核心的包括各区语言文字网站(网

北京市语言文字工作三十年纪略
(1986年至2016年)

页)在内的语言文字工作网站群基本建成。市语委组织专家研发了"语言文字法律法规知识和语言文化常识在线测试系统"。"北京语言文化数字博物馆""通用规范汉字听说读写辅助训练系统"即将上网运行。

市语委办、市语言文字测试中心举办了30余场以区县语言文字工作干部、高校干部教师、市属委办局公务员、骨干测试员和测试管理人员、医疗机构和公园旅游行业工作人员为对象的培训活动。这些活动包括2013年,举办了两期培训班,围绕《国家中长期语言文字事业改革和发展规划纲要》《北京市实施〈国家中长期语言文字事业改革和发展规划纲要〉的意见》及《党政机关公文格式》《汉语拼音正词法基本规则》《中国人名汉语拼音字母拼写规则》《标点符号用法》《出版物上数字用法》国家标准,教育部语用司姚喜双司长,市政府办公厅孟伟杰副巡视员,中国社科院李志江研究员,董琨研究员,北京大学沈阳教授,市语委办主任贺宏志博士进行了学习辅导,300余人参加培训学习。2014年11月26日至27日,举办年度培训会,近200人参加。北京语言大学党委书记李宇明教授、北京师范大学王立军教授、中国语文现代化学会袁钟瑞副会长、市政府办公厅孟伟杰副巡视员、市语委办主任贺宏志博士分别以"语言能力与语言规划""汉字文化与国家通用语言文字规范""提高语言素养与提升语言能力""党政机关公文写作条例规范解读""语言文化建设的理论与实践"为题进行授课。2015年3月17日至20日,市语委与市卫生计生委联合主办两期医疗机构语言服务规范培训班,旨在提高医疗行业从业者的语言服务规范意识，加强医疗机构语言文化建设，提高医疗服务水平，构建和谐医患关系。学员300余人来自市卫生计生委、中医局、医管局、三级医院、二级医院及区县卫生计生委（卫生局）。市语委办主任贺宏志博士、首都师范大学陈鹏教授、市政府办公厅孟伟杰副巡视员、市委办公厅信息综合室庞学栋副主任、市政府办公厅信息处尹晓帆副调研员等专家，分别就"语言文化与医院文化建设""医院语言服务规范""公文格式与写作""政务信息撰写"等内容，从口头语言与书面语言两个维度，开展讲座。2015年11月24日至27日，市语委与市公园管理中心联合主办两期公园旅游业语言服务规范培训班，300余名学员来自市公园管理中心、各市属公园及区县园林绿化单位、市绿地公园协会会员单位。市语委办主任贺宏志博士、首都师范大学李艳副教授、市政府办公厅孟伟杰副巡视员、市绿地公园协会编辑部主任陶鹰分别就"语言文化与公园语言文化建设""公园旅游语言服务规范""公文格式与写作""信息文稿撰写"等内容，从口头语言、书面语言、语言环境、语言文化活动等方面，进行了深入浅出的讲解。2016年1月12日至13日，市语委办举办培训会，各区语委办工作人员以及来自高校、中小学的教师代表160余人参加学习。首都师范大学李艳副教授、市政府办公厅孟伟杰副巡视员、商务印书馆周洪波总编辑分别做《语言服务与教师语言服务》《公文格式与写作解析》《当前社会语言生活热点问题及思考》专题讲座。《医疗语言服务规范》《旅游语言服务规范》《教师语言服务规范》是贺宏志博士主持的国家语委重

北京市语言文字工作三十年纪略
(1986年至2016年)

点项目"行业语言服务的理论研究与标准制定"的部分成果,培训工作的开展既是成果转化的有效形式,也是语言文字工作深入行业、服务社会、提升辐射力影响力的新开拓。

市语委结合"推普周"宣传活动和示范创建工作,举办了北京市教育系统中华经典诵读比赛(2008年)、《北京日报》"可口可乐·原叶杯"北京市民迎国庆语言文字知识竞赛(2009年)、北京市语言文字规范化示范校语言文化知识竞赛(中国教育电视台录播)(2011年)、北京市语言文字规范化示范校语言文化智力竞赛(2012年)、第二届"中国汉字听写大会"北京选拔赛暨《北京市实施〈中华人民共和国国家通用语言文字法〉若干规定》十周年纪念活动(2014年)、北京市小学成语文化知识才艺竞赛(2014年)、北京市中小学生系列辩论赛(2015年)等大型赛事活动。这些活动自下而上,寓教于乐,为弘扬中华优秀传统文化,提高学生语言文化素养发挥了积极作用,既是对语言文字规范化工作的有效宣传,也是多年来我市语言文字工作成果的集中展示。

在国家语委举办的一系列赛事活动中,我市积极参与,都取得了良好的成绩。这些活动包括:2008年"我与汉语拼音"征文,第三届全国教师语言文字基本功大赛;2009年首届全国大中小学生规范汉字书写大赛,"中华诵·2009经典诵读大赛";2010年第二届全国大中小学生规范汉字书写大赛,"中华诵·2010经典诵读大赛"、第三届全国高校学生语言文字基本功大赛,"2011年第四届全国教师语言文字基本功大赛","中华诵·2011全球华人学生暨全国学生规范汉字书写大赛","中华诵·2011经典诵读大赛",全国"双推"漫画及"博文"大赛,"中华诵·2011全国中小学生作文大赛""我与语言文字规范标准"征文,纪念《国家通用语言文字法》颁布10周年系列活动;2012年第四届全国大学生语言文字基本功大赛,"中华诵·2012全国中小学生作文大赛",全国推普宣传素材征集活动等。在这些活动中,北京市语委或北京市语委办均获评全国最佳组织单位或优秀组织单位。在此期间,市语委还承办了国家语委的重大活动。2009年,承办"中华诵·2009经典诵读晚会(端午篇)",协办国家语委"雅言华章,和谐中华——新中国语言文字工作60年成就展",承办"雅言传承文明,经典浸润人生"经典诵读活动。2010年,承办第13届全国推广普通话宣传周闭幕式。2011年,承办"中华诵·颂歌献给党"红色经典诵读晚会(北京篇)暨教育部"正气歌"廉洁教育大型情景朗诵主题晚会。2012年,承办第15届全国推广普通话宣传周开幕式,教育部部长袁贵仁致辞。

2015年3月24日,北京市中小学生辩论俱乐部启动仪式在北师大附属实验中学隆重举行。为深入贯彻《北京市中小学语文学科教学改进意见》,推动开放性语文学习活动,切实提升中小学生语言能力特别是口语交际表达能力,市教委、市语委组织相关资源,在全市建立新型的跨区县小学生辩论俱乐部、初中生辩论俱乐部和高中生辩论俱乐部。市委常委苟仲文同志为朝阳区教委、通州区教委和西城区教委分别颁授小学生、初中生和高中生辩论俱乐部标牌。北师大附属实验中学代表队与北京十四中代表队围绕"高中生更需要经典阅读还是时尚阅读"进行了辩论表演赛。

2015年6月4日,京津冀语言文字工作协同发展座谈会暨国家语言文字事业"十三五"规划征求意见座谈会在河北省张家口市举行。北京市、天津市、河北省三省市语言文字工作委员会的负责同志在会上签订了《京津冀语言文字事业协同发展战略协议书》。2015年12月12日,京津冀中小学生诵读演讲辩论赛在芳草地国际学校双花园校区隆重举行。为纪念《中华人民共和国国家通用语言文字法》颁布15周年,落实京津冀语言文字事业协同发展战略协议,推动京津冀语言文字工作的交流与合作,北京市语委发起举办了本次活动。针对不同学段学生的特点,分别设计了小学生诵读、初中生演讲和高中生辩论的环节,将丰富的情感、正确的价值观同口语表达能力的培养有机结合起来。北师大实验中学代表队与天津四十二中代表队围绕"污点艺人应该/不应该牵连影视作品"、人大附中代表队与石家庄二中代表队围绕"这是/不是一个看脸的世界"展开了精彩的辩论。2015年9月25日,北京市语委办负责同志带队参加了由河北省语委举办的"河北省首届师生规范汉字书写大会暨京津冀师生规范汉字书写作品展览"。2016年6月,北京市语委将发起举办"京津冀中华成语文化与社会主义核心价值观教育(邯郸)研讨会",并组队参加由河北省语委发起的"京津冀理工类高校魅力汉语大会"。

2010年12月,贺宏志博士应邀做客中国教育在线,接受主持人访谈,宣传发展语言产业。2012年1月6日,市人大代表贺宏志博士应北京人民广播电台邀请,与主持人共话北京如何发展语言产业(新闻频道直播)。2013年5月3日,贺宏志博士应北京电视台财经频道《数说北京》栏目组之邀,与主持人和媒体评论员互动共话"说出来的经济"。2012年11月,中国语言资源有声数据库西城区发音人遴选工作引发热烈反响,中央电视台、人民日报、光明日报、北京电视台、北京日报、北京人民广播电台等数十家平面、有声、网络媒体进行跟踪报道和采访,取得了很好的宣传效果。2012年12月,第一届中国语言产业论坛在京举行,人民日报、中国教育电视台、北京电视台、北京日报、中国社会科学报等二十余家媒体进行了报道。2013年4月25日,《人民日报》文教周刊载文《中国语言产业亟待加速》(陈鹏、贺宏志),5月24日《经济日报》理论周刊载文《给语言产业发展添把力》(贺宏志、陈鹏)。《数据》杂志2013年第6期刊载记者与贺宏志博士访谈录《语言产业,在春天写意》,深度宣传语言产业,呼吁重视发展语言产业。《前线》2014年第5期发表《北京语言产业的现状问题与发展思路》(贺宏志、戈兆一),同年《北京文化创意》创刊号发表《释放语言产业创新发展潜力》(贺宏志、戈兆一)。

2010年1月,市人大代表贺宏志博士在市十三届人大三次会议上联合其他10名代表提出《关于发展我市语言产业的议案》,建议市政府组织力量开展语言产业研究,制订语言产业振兴计划和语言产业促进政策,举办中国北京国际语言产业博览会并努力将其打造成世界语言文化交流传播、语言产业贸易展示的品牌盛会。2011年1月,市十三届人大四次会议召开,贺宏志博士又提交了题为《加强语言文化建设,促进语言产业发展》的代表建议，指出语言文化建设是文化建设的重要内容，文化的繁荣发展离不开语言文化的繁荣发展，发达的语言文化是世界城市的重要内涵，北京应积极打造"语言文化之都"，"加强语言文化建设，繁荣语言文化事业"是政府的责任。2012年1月，市人大代表张维佳教授、贺宏志博士在市十三届人大五次会议上提交《建立中华国际语言文化博物馆》的代表建议，指出作为一种文化资源，语言资源的价值有待开发。北京有着丰富的语言文化项目研究积累、地域语言资源和世界语言资源，市语委呼吁在北京尽快启动中国国际语言文化博物馆建设工程，并提出了相关创意和设想。2014年1月，贺宏志博士在市十四届人大二次会议上再次提交《支持、批准举办中国北京国际语言产业博览会》的代表建议，市文资办认真回复了这一建议。

2010年10月，贺宏志博士应邀出席北京市精神文明建设规划座谈会，就语言文字工作与精神文明建设的关系、将语言文化建设的有关内容纳入精神文明建设规划等问题，提出了意见和建议。2010年12月，国家语委"十二五"科研工作研讨会在京召开，贺宏志博士以《实施"一体两翼"战略，促进语言文字工作科学发展》为题做大会交流发言。2011年1月，应天津市语言文字培训测试中心2010年度工作总结会暨"十二五"工作规划研讨会邀请，贺宏志博士做题为《发展语言产业，繁荣语言文化》的专题报告。2011年5月，"语言经济及语言服务"学术讨论会在北京语言大学举行，贺宏志博士做题为《关于语言产业内涵及其边界的初步思考》的发言。2011年11

月，教育部语信司在上海外国语大学召开国家语委"十二五"科研工作座谈会，北京市语委副主任曹秀云做题为《拓宽视野，融入全局，创新发展首都语言文字科研工作》的典型交流发言。2012年9月，全国语言文字标准化工作会议在贵阳召开，贺宏志博士以"依法推进语言文字标准化建设，科学引领社会语言生活"为题向国家语委和各省市与会代表汇报交流了北京市开展语言文字标准化工作的情况。2013年3月25日至29日，国家语委《语言文字事业规划纲要》专题培训班在杭州举办，贺宏志博士以"贯彻落实规划纲要，加强首都语言文化建设，助力实现中国梦"为题，与全体学员交流了北京市语委贯彻落实《规划纲要》并制定《实施意见》的理念、思路、内涵和具体任务。2013年4月8日，贺宏志博士应邀出席教育部语言文字战线"中国梦"主题教育活动座谈会，结合北京市2012—2020年语言文字工作构想，做了交流发言。2013年7月23日，国家语委科研规划2013年度重大科研项目选题会在教育部召开，贺宏志博士应邀出席并就立项开展行业领域语言服务标准研究和语言产业经济贡献度研究提出了建议。2013年8月6日，教育部语用所"党的群众路线教育实践活动领导小组"根据活动实施方案的安排，邀请贺宏志博士做题为《党的群众路线与语言文化建设》的辅导报告。2013年9月12日，应北京语言大学党委宣传部邀请，贺宏志博士向有关专业师生做题为《语言话题十谈》的学术报告。2014年4月29日，贺宏志博士应邀为北京华文学院教师做题为《语言话题漫谈》的学术报告。2014年10月31日，"语言战略与国家安全高层论坛"在北京外国语大学举行,贺宏志博士应邀出席,结合北京市的工作探索,做题为《语言文化建设的理论与实践》的发言。2014年12月30日,浙江省区域推进语言文字规范化试点工作现场会在绍兴诸暨店口镇召开,贺宏志博士应邀做题为《语言文字工作与社区语言文化建设》专题讲座。2015年9月29日,教育部语信司召开推进"一带一路"建设语言战略研究行动专家研讨会,贺宏志博士应邀出席,就发展我国语言会展业、举办语言产业国际博览会服务"一带一路"建设发表了意见。2015年12月30日,市高级人民法院召开"北京法院优秀裁判文书百佳奖表彰会",对100篇优秀裁判文书进行表彰。市人大代表、市语委办主任贺宏志博士应邀担任评委,出席表彰会并对获奖文书从语言文字应用规范化角度进行了点评。

情怀所系,市语委积极开展援藏、援疆工作,先后两次派出专家赴拉萨帮助相关单位举办普通话水平测试员资格考核培训班,接待两批新疆维吾尔自治区民语委来京考察交流。2012年以来,先后援助和田地区语委、自治区民语委工作经费10万元,赠送价值25万元的语文工具书、课外读物和语言文化系列图书。2014年3月28日,新疆维吾尔自治区民族语言文字工作委员会(翻译局)给北京市语委发来感谢信。2014年11月13日至22日,北京市语委援助西藏自治区语委干部培训班在京举办,来自西藏7个地市和5所高校的30名语言文字工作领导干部、教师和工作人员参加了培训。教育部语信司张浩明司长、语用司彭兴颀副司长、语用所张世平所长,北京语言大学党委书记李宇明教授，中央民族大学戴庆厦教授，北京师范大学王立军教授，上海市教科院高教所张日培副所长，中国语文现代化学会袁钟瑞副会长，北京市语委办主任贺宏志博士分别就"语言文字的规范化标准化信息化建设""依法管理和服务语言文字社会应用""普通话与民族地区推普""西藏语言规划""科学保护各民族语言文字""汉字文化与国家通用语言文字规范""主体多样的语言规划构想""提高语言素养与提升语言能力""语言文化建设的理论与实践"等议题，深入浅出地解析了我国语言文字工作的方针政策和新形势、新任务。培训期间，组织学员实地考察了天津市语言文字培训测试中心、北京师范大学语言文字测试分中心。组织学员赴内蒙古自治区呼和浩特市专题考察"民族教育和双语教学"开展情况。北京市语委办为每位学员提供了26种辅导资料，内容丰富，涵盖了语言文字工作的各个方面，课程安排紧凑、高效。这一系列工作，为国家通用语言文字在新疆、西藏的推广普及以及加强双语教学，做出了贡献。

2012年至2015年，市语委积极开展群众路线主题教育实践活动，落实"三进两促"工作要求。市语委办党支部联合致公党西城区委第15支部与密云县东邵渠中心小学开展"1＋1"支部共建活动。四年来，累计为该校师生赠送价值近4万元的语言文化工具书和课外读本，并捐献致公鸿屹助教助学金3.6万元。2014年至2016年，市语委办向朝阳区境内的国际学校和北京联合大学国际教育学院师生赠阅商务印书馆出版的 *The World of Chinese*（《汉语世界》）双月刊，帮助在京学习的国际师生学习汉语,传播中华文化。2014年至2015年,根据市委教育工委、市教委、市教育督导室《关于建立教育机关领导干部联系中小学校制度的意见》及实施方案,市语委办联系大兴区、东城区6所中小学,为师生们送去近2000册语言文化工具书和课外读本。

2013年至2015年,在教育部语用司支持下,北京市语委办组织专家摄录制作了《中华经典资源库》第一辑、第二辑的北京地方篇目。

(四)示范创建深入推进

为将语言文字规范化工作引向深入,使语言文字工作扎根基层,巩固前一时期语言文字规范化创建工作成果,市语委实施语言文字规范化示范街道、乡镇创建工作。2011年至2013年,通过连续3年的创建工作,认定了100个北京市语言文字规范化示范街道、示范乡镇,占全市街道、乡镇的30%,实现了既定的工作目标。

2011年6月12日至24日,市语委组织检查评估工作组集中开展了首批北京市语言文字规范化示范街道、示范乡镇的创建检查工作。工作组实地检查评估了16个街道乡镇机关,包括商场、银行、邮局等在内的31个公共服务单位,以及16条大街的语言文化环境。同时还抽查了16所国家级规范汉字书写教育特色校申报单位。2012年5月23日至6月21日,市语委集中开展了第二批语言文字规范化示范街道、示范乡镇和第六批语言文字规范化示范校的创建检查工作。工作组成员由专家和市政府办公厅、市委宣传部、市外办、市城管执法局等17个市语委成员单位相关部门负责人组成。通过听汇报，举办座谈会、知识测验，查阅档案，实地考察等方式，对受检单位语言文化环境进行评估检查并提出评价意见。市语委主任、副市长洪峰出席了2012年平谷区示范创建工作汇报会并讲话，教育部语用司司长姚喜双现场指导了创建工作。北京电视台采访报道了昌平区、石景山区、平谷区的检查评估工作。2011年、2012年认定了第一批、第二批北京市语言文字规范化示范街道、示范乡镇50个，认定了第七批、第八批北京市语言文字规范化达标单位47家，认定了第一批北京市规范汉字书写教育特色校45所和第六批北京市语言文字规范化示范校30所。2013年，认定了第三批北京市语言文字规范化示范街道、示范乡镇50个、第七批北京市语言文字规范化示范校40所。2014年，市语委办赴延庆、昌平、大兴、丰台、通州、朝阳六区开展语言文字规范化示范创建工作调研，认定第八批北京市语言文字规范化示范校30所。2015年，赴平谷、密云、怀柔、顺义、房山、门头沟六区开展语言文字规范化示范创建工作调研，认定第九批北京市语言文字规范化示范校61所。至此，通过坚持不懈的努力，我市已有市级语言文字规范化示范校300所，占全市各级各类学校总数的大约10%。通过以街道、乡镇、学校为主体的语言文字规范化示范创建，语言文字工作走向基层、深入郊区、渗透山区、覆盖行业，推动了基层工作，强化了过程指导，促进了长效机制的形成。示范创建检查评估调研工作起到了语言文字法律法规"宣传队""播种机"的作用，极大地提高了语言文字法律法规和规范标准的社会知晓度。

(五)测试工作积极拓展

2009年5月,北京市语言文字测试中心成立。此后,测试工作机构、测试工作力量、测试工作格局、测试工作规模不断壮大,测试科研工作成果显著,测试信息化基本实现。

2009年以来,测试中心共举办4期市级普通话水平测试员资格考核培训班,200余人取得市级测试员资格证书。共举办8期北京市普通话水平测试员骨干培训班,全市骨干测试员人数达400余人。每年度都举办测试管理人员继续教育培训班。

2009年至2014年,我市连续六年开展汉字应用水平测试试点工作,考生职业构成由单一的学生群体发展为学生、教师、媒体工作人员、公务员等多个群体。市语委办为每一位参试人员免费提供应试指导书。考点数由4个增至29个,累计测试45500余人。目前,工作重心转向汉字应用水平测试数据整理及样本分析。

2010年12月,我市在北京联合大学进行了针对母语非汉语人群、华人华裔研发的汉语口语水平测试(HKC)的尝试性测试。来自韩国、秘鲁、俄罗斯等12个国家和地区的32名留学生参试。2011年12月,我市举行首场汉语能力测试,公务员、专业技术人员、媒体从业人员、大学师生、中学师生共200人参加测试。此外,2010年,我市部分中等、高等职业院校还参与了国家职业汉语能力测试。至此,我市语言文字水平测试工作由单一的普通话水平测试发展为以普通话水平测试为主体，汉字应用水平测试、汉语能力测试、汉语口语水平测试等为补充的覆盖听说读写全方位的工作格局。

2010年至2012年，我市积极推进计算机辅助普通话水平测试工作，先后组织测试员、测试管理人员赴湖南、天津、安徽、广西考察学习。至2012年年底，全市测试分支机构全部实现计算机辅助测试。

测试科研工作从无到有，不断取得新成果。2011年、2012年，由市语言文字测试中心组编、市语委办审定的《北京市语言文字培训测试文集》《北京市语言文字工作论丛》两部研究论文集先后出版。2012年12月、2014年10月，在第五届、第六届全国普通话培训测试学术研讨会上，共有9篇论文获奖，市语言文字测试中心连续获颁"优秀论文组织奖"，均创历届最好成绩。

测试辅导教材建设与时俱进。2010年，市语言文字测试中心第一届专家委员会完成《普通话水平测试应试指南》修订工作，新增计算机辅助普通话水平测试内容，于2011年1月启用。鉴于计算机辅助测试的全面展开，2013年改版工作将辅导教材定位为"机测专用教材"，《新编普通话水平测试应试指南》于2014年1月投入使用，改编工作由市语言文字测试中心第二届专家委员会完成。2011年12月，市语言文字测试中心组编、市语委办审定的《汉字应用水平测试应试指南》出版发行。

普通话水平测试量稳步增长。截至2016年第一季度，全市累计达65万人次参加了普通话水平测试并获得相应的等级证书。经市领导批准,自 2011 年 7 月 1 日起,对本市高校在校学生实行免费普通话水平测试,免费发放证书。测试对象为全日制普通高等学校在校学生(含专科生、本科生、研究生)。免费测试以学校为单位,集体报名,每个学生享受一次免费测试机会。测试工作经费由市财政安排专项。在大学生群体中全面实施普通话水平测试与培训,有利于学校语言文字规范化工作的开展,最终有利于国民语言文化素养的提升,具有重要的教育意义、文化意义和法治意义。另外,目前全市已有半数区启动了公务员全员普通话培训测试工作。

2010 年 7 月,市语言文字测试中心完成普通话培训测试 15 周年专题调研、迎查工作,国家语委测试中心调研检查组在反馈意见中对北京市语言文字培训测试工作的发展给予了充分肯定和高度评价。2014 年 12 月 11 日,北京市语言文字测试中心发起的十二省市语言文字培训测试学术研讨会成功举办,交流了工作经验,检阅了研究成果。

(六)科学研究成果丰硕

2008 年 3 月 24 日,市语委专家委员会第一届第一次会议举行,由 14 位专家组成市语委专家委员会,标志着北京市语委语言文字应用科研组织工作开始启动。2011 年 5 月 11 日,由 13 位专家组成的市语委第二届专家委员会成立。

2011 年,北京语言产业研究中心主任陈鹏教授、北京语言文化建设研究中心主任张维佳教授分别申报的"语言产业的界定及其在新兴产业结构中的地位分析""中国城镇化进程中的语言文字问题及对策研究"均被列入国家语委"十二五"科研规划 2011 年度立项名单，现已结项。同年，由对外经济贸易大学杨言洪教授承担的市语委委托项目"国际大都市语言文字社会应用监管机制研究"通过结题验收，由北京语言文化建设研究中心张维佳教授承担的市语委委托项目"北京语言文化建设现状与政策研究"开题并已结项。

2013 年，分别由首都师范大学周建设教授、北京师范大学刘利教授、东城区语委、北京华文学院郭熙教授、北京语言产业研究中心陈鹏教授主持的市语委委托项目"北京高校语言文化建设研究""语言教育规划研究""语言文字工作体系研究""海外华人普通话培训测试研究""行业领域语言文化建设研究"和"北京语言产业现状及发展政策研究"通过结题验收。同年，经北京市语委办推荐，"语言产业经济贡献度研究"（陈鹏主持）和"行业语言服务的理论研究及标准制定"（贺宏志主持）分别获得国家语委重大委托项目、重点委托项目的立项资助。"行业语言服务的理论研究及标准制定"项目成果于 2016 年 1 月 20 日通过了国家语委专家组验收鉴定。

2014 年，中国劳动关系学院高传智副教授、首都师范大学李艳副教授分别承担的国家语委项目"我国语言康复业发展现状与对策研究""社区语言文化建设的理论与实践研究"均通过中期检查。北京师范大学王立军教授主持的市语委委托项目"北京语言生活状况报告"的成果将于 2016 年作为《中国语言生活状况报告》的首部城市版由商务印书馆出版。

2015 年，北京华文学院张德瑞教授、北京师范大学刁晏斌教授分别承担市语委委托项目"汉语文化传播的理论与实践

北京市语言文字工作三十年纪略
(1986年至2016年)

研究""师范院校语言能力建设及提高师范生语言素养对策研究"。北京印刷学院副研究员王巍申报的"语言会展业的界定及发展策略研究"获国家语委立项资助。

2016年,首都医科大学吴云副研究员、北京景山学校语文特级教师周群分别承担市语委委托项目"中华成语文化与社会主义核心价值观教育研究""中小学生阅读与口语能力培养及评测体系研究"。

2011年5月27日,在教育部语信司的支持下,中国语言资源有声数据库北京库建设工作启动。北京库的建设宗旨是着重体现北京话作为普通话标准音和基础方言的作用,体现北京地域文化特色。调查整理阶段分为"北京语言资源有声数据库"和"北京语言文化资源信息库"两个项目实施,分别由曹志耘教授和张维佳教授担任项目首席专家。2012年年初,中国语言资源有声数据库北京库、北京语言文化资源信息库建设方案和工作规范出台。同年11月,西城区、平谷区作为先期试点区,完成了方言发音人的面试遴选和采录工作。活动得到市民群众的热烈响应和媒体的高度关注。2013年,其余采录点发音人遴选及采录工作完成。北京语言文化资源信息库建设分为八个分项目实施。2014年7月29日,"中国语言资源有声数据库北京库"通过国家语委的项目验收,成为继江苏库之后全国第二个完成建库工作的省级语言资源有声数据库。

市语委办积极协调市文化文物部门、地方史志编纂部门联合实施北京语言文化资源普查工作。2014年8月4日,在总结前期丰台区、昌平区试点工作经验的基础上,市语委办、北京语言文化资源信息库项目组召开北京语言文化资源普查工作推进会。2015年8月,作为北京语言文化资源普查的阶段性成果,市语委办整理了《北京市语言类非物质文化遗产名录》。

2012年年初,我国第一部语言产业研究专著《语言产业导论》(贺宏志主编,陈鹏副主编)由首都师范大学出版社出版,核心期刊《语言文字应用》2012年第3期编发"语言产业研究"专栏论文,推介北京语言产业研究中心研究成果,《中国图书评论》刊发书评。2013年,我国第一套"语言产业研究丛书"(总顾问李宇明,总主编贺宏志)由语文出版社出版,第一批图书有《语言产业引论》和《欧洲语言产业规模之研究报告》,《语言服务概论》《语言会展业研究》《语言康复业研究》《语言产业经济贡献度分析》将陆续推出。

2012年12月1日,北京语言产业研究中心主办第一届中国语言产业论坛。来自全国各地有关高等院校、学术机构的专家学者、相关领域企业界代表100余人参加论坛,教育部李卫红副部长、北京市洪峰副市长出席并讲话。论坛以"繁荣语言事业、发展语言产业、建设语言强国"为主题,与会代表就语言服务与语言消费、语言信息产业与语言信息技术、汉语言产业与汉语言发展、语言产业的概念界定及发展战略、汉语经济发展中的问题与对策、中文字体产权保护与未来发展、语言出版业现状与思考、语联网等话题各抒己见。

2013年11月30日,由北京语言文化建设研究中心主办的第一届语言文化建设学术论坛在北京语言大学举行。来自全国各地有关高校、语言文字工作部门及研究机构的50余位专家学者参加论坛。教育部语用司司长姚喜双教授、北京语言大学党委书记李宇明教授等20多位专家分别针对新时期语言文字事业发展的新视点、语言文字管理服务理念、语言文化建设内涵、公民语言教育、语言文字培训测试、汉字认知与书法教育、语言能力培养、汉语国际传播、行业语言服务、少数民族文字互联网发展、中文字库与汉字文化传承、汉英语言接触中的文化传输、法律语言、语言资源监测等语言文化建设命题进行了深入研讨。核心期刊《语言文字应用》2014年第3期编发"语言文化建设研究"专栏论文，推介北京语言文化建设研究中心研究成果。2013年7月，《北京高校语言文化建设研究》（贺宏志、周建设主编）由首都师范大学出版社出版。《语言文化建设导论》《社区语言文化建设研究》《语言文字工作实务读本》即将正式出版。

2015年，在北京语言文化资源普查工作及其成果的基础上，市语委科研团队组编"北京市民语言文化阅读书系"16册（贺宏志总主编），由商务印书馆出版。首册图书《奇妙的成语世界——成语文化读本》（袁钟瑞、杨学军主编）荣登2015年第四期"中版好书榜"。该书系将于2017年4月出齐，成套发行。

（七）信息化工作成效显著

2009年，改版后的北京语言文字网参加国家语委举办的全国语言文字工作网站评比活动，获得第三名，网站研发的

"语言文字法律法规知识和语言文化常识在线测试系统"为全国语言文字工作领域首创。2012年年底，我市各区县全部开通语言文字网站（网页）。2013年，北京语言文字网完成第二次升级改版，"语言文字法律法规知识和语言文化常识在线测试系统"试题库扩容至6000余题。2016年，北京语言文字网将完成第三次升级改版。

2013年6月，国务院发出关于公布《通用规范汉字表》的通知，明确社会一般应用领域的汉字使用以《通用规范汉字表》为准。字表分三级，共收录汉字8105个。2014年，市语委办组织研发"面向基础教育和社会公众的通用规范汉字听说读写辅助训练系统"，2015年完成了第一期研发并通过专家组验收鉴定。2016年将完成第二期研发工作，并全部上传北京语言文字网，成为全社会共享的网络学习资源。

在北京语言文化资源信息库建设和北京语言文化资源普查工作基础上，由北京语言大学张维佳教授主持的市语委重大项目"北京语言文化资源数据库及数字博物馆建设"将于2016年全面完成，建成"北京语言文化数字博物馆"并上传北京语言文字网，这对于北京语言类非物质文化遗产的保护传承，将发挥很大的作用。

北京市语言文字测试中心网站建设逐步完善，普通话水平测试已全面实现计算机辅助测试，测试管理的信息化水平不断提高。市语委领导下的社会团体北京语言文化建设促进会、北京语言文字工作协会都建有自己的网站。

北京市语言文字工作三十年纪略
(1986年至2016年)

五、展望"十三五"新阶段,全面加强首都语言文化建设,传承弘扬中华优秀文化

习近平同志说,中华民族具有5000多年连绵不断的文明历史,创造了博大精深的中华文化,为人类文明进步做出了不可磨灭的贡献。经过几千年的沧桑岁月,把我国56个民族、13亿多人紧紧凝聚在一起的,是我们共同经历的非凡奋斗,是我们共同创造的美好家园,是我们共同培育的民族精神,而贯穿其中的、最重要的是我们共同坚守的理想信念。其中,以汉语为主体的各民族语言的多样性发挥了极为重要的作用。语言是文化的本体,又是其他非物质文化的载体,还是各种物质文化的解读体。语言的这种特性决定了它在实现国家富强、民族振兴、人民幸福进程中的独特作用。从国家角度来说,语言的多样性决定了文化的多样性,语言在世界上的传播实力决定了一个国家在世界上的文化影响力即文化软实力,语言的强国关联着强国的语言,强国必须强语,强语助力强国。从个人角度来说,每个人都有着生物的基因和文化的基因,生物的基因存在于其细胞之中,它决定了一个人的外在面貌,而文化的基因就在其所说的话和所写的字之中,也就是在其所使用的语言之中,它决定的是民族的思维方式和价值观念。语言的应用能力是个体能力结构中的基础和核心,在很大程度上决定着一个人的成长、成才与成功。可见,语言实力与民族福祉和个人福利高度关联。所以说,做好语言文字工作、加强语言文化建设对于实现国家富强、民族振兴、人民幸福发挥着基础性的作用。为此,语言文字工作要致力于使全体中华儿女热爱和弘扬中华语言文化，并且善于解决社会语言生活中的矛盾与冲突，构建和谐的社会语言生活。语言文字工作事关民族团结和国家统一，事关中华民族凝聚力和统一的多民族国家意识的形成，语言文字工作者一定要牢记使命，心往一处想，劲往一处使，发挥语言文字工作的正能量，饱含中华语言文化家国情怀，用我们的智慧和力量继承与弘扬中华优秀的语言文化，建设中华民族共有的精神家园，助力中华民族伟大复兴的实现。

语言文字工作具有基础性、全局性、社会性和全民性特点，对于增强首都文化软实力、努力办好人民满意的教育、提高市民素质和维护社会和谐都具有独特而不可或缺的重要作用。30年来，北京市语言文字工作积极服务首都文化建设、经济发展和社会进步，语言文字工作逐步走向基层、覆盖行业，工作触角"横向到边、纵向到底"，工作体系不断健全，工作队伍不断壮大，工作格局不断拓展，首都语言文字社会应用规范化水平不断提高，国家通用语言文字在教育教学、新闻媒体和公共服务领域占据主体地位，中外语言交流日益加强，北京话方言保护工作受到重视，语言文字应用研究和信息化工作成果丰硕，管理社会语言文字应用和服务社会语言文字需求能力不断增强，各项工作取得显著成效，为今后的发展奠定了坚实的基础。

"十三五"时期是北京市深入贯彻"四个全面"战略布局，落实新时期首都"四个中心"城市战略定位，推进京津冀协同发展，建设国际一流和谐宜居之都的关键时期，语言文字事

北京市语言文字工作三十年纪略
(1986年至2016年)

业的发展要助力首都经济社会发展。北京已进入以经济增长中高速、结构优化、创新驱动为主要特征的"新常态"发展阶段,这对语言文字工作提出了新的要求,也为语言文字规范化、标准化和法制化建设赋予了新的时代内涵,语言文字工作要主动适应社会经济发展新常态。中央实施"一带一路"建设、京津冀协同发展战略,筹办2022年冬奥会,加快建设以首都为核心的世界级城市群等都对语言文字事业服务和保障国家及首都发展战略提出了新课题。随着"互联网+"时代的到来,互联网正在以前所未有的速度席卷各行各业,改变着人类社会的发展方式,语言文字工作要抓住机遇,推动与信息技术的全面深度融合,充分发挥信息技术在普及推广国家通用语言文字、科学保护各民族语言文字、传承弘扬中华优秀传统文化方面的重要作用。

"十三五"时期北京市语言文字工作的指导思想是:高举中国特色社会主义伟大旗帜,全面贯彻党的十八大以来历次全会精神,深入贯彻习近平总书记系列重要讲话精神,按照"四个全面"战略布局,聚焦"四个中心"城市战略定位,秉持创新、协调、绿色、开放、共享发展理念,展现中华语言情怀,传承弘扬中华优秀传统文化,以提高学生和市民语言能力为核心,以提高语言服务水平和完善语言服务供给为重点,全面加强语言文化建设,着力化解社会语言生活领域的新矛盾,积极开发北京语言资源,促进保护语言文化的多样性和语言类非物质文化遗产,建设规范、文明、高雅的语言文化环境,为实现北京市国民经济和社会发展第十三个五年规划目标提供语言文化方面的有力支撑。

在上述思想的指导下,实施"一体两翼"工作方略,夯实推广普通话、推行规范汉字、推进语言文字工作信息化标准化常规工作,树立"语言文化建设"理念,加强首都语言文化建设,促进语言事业的繁荣,推动语言产业的发展,增强首都语言实力,持续提升语言文字工作的社会影响力和经济社会发展贡献度,为北京建设社会主义先进文化之都做出更大的贡献。

语言文化建设理念下的语言文字工作	本体建设	应用建设	管理建设	价值建设
	语言资源建设	语言环境建设	语言法制建设	语言能力建设
	语言标准建设	行业语言建设	语言机构建设	和谐语言建设
	语言学科建设	语言技术建设	语言队伍建设	语言安全建设
		语言产业建设		语言传播建设

北京市语言文字工作大事记
(1986 年至 2016 年)

1986 年

【2月】市政府下发《关于成立北京市语言文字工作委员会的通知》。

【3月1日至15日】市语委、团市委在首都青少年中开展"让春风吹走首都街头错别字"的活动，396000 多名少先队员对全市各主要商业街道、街面用字情况进行了一次全面的调查、纠正。据不完全统计共查出不规范字 37000 多处。

【4月16日】北京市语言文字工作会议暨北京市语言文字工作委员会成立大会在中山公园中山堂召开。副市长、市语委主任陈昊苏主持会议并介绍了我市近 30 年来开展语言文字工作的情况，国家语委主任刘导生、副主任王均到会并讲话。会议传达了全国语言文字工作会议精神，研究确定了当前有关语言文字的几项主要工作。

【4月】平谷县重视推普工作。县委、县人大、县政府从

执行国家宪法、促进国家统一、民族团结、社会进步的高度，明确了推普的范围和对象，并制定了具体措施，号召全县人民学习普通话、使用普通话。

【9月至次年11月】市公安局、广电局、机械工业局、文化局、园林局、新华书店、外企服务总公司等单位和部门，围绕检查牌匾简化字使用情况、规范出版物上数字用法、加强社会用字规范化标准化做了大量工作，成效显著。

【10月21日至25日】市语委办举办第一期语言文字工作干部短期培训班。来自市政府有关委办局、总公司，各区县政府、教育局的语言文字工作干部50余人参加培训。

【10月】为贯彻《国务院批转国家语委〈关于废止第二次汉字简化方案和纠正社会用字混乱现象的请示〉的通知》，市语委办召开座谈会。语言文字工作者、教育工作者、电子计算机研发人员以及来自公安、商业等部门和有关企业的干部、职工参加了座谈，大家一致认为《通知》必要而及时，对指导基层开展语言文字工作、不断提高首都社会用字规范化、标准化水平有重要意义。

1987年

【1月15日】市语言文字工作座谈会召开。市属委办局语言文字工作负责同志、18个区县政府及教育局的语言文字工作干部及语言文字专家共60余人参加会议。国家语委有关部门负责同志出席会议并讲话。

【4月15日】市语委召开委员及顾问工作会。副市长、市

语委主任陈昊苏主持会议并讲话。会议总结回顾了1986年的工作情况，部署了新一年的工作任务；专家就如何进一步做好北京市语言文字工作进行了专题讲座；与会人员交流了开展语言文字工作的经验。

【5月17日】市语委办、市校外教育办联合举办中学生语言文字知识竞赛。东城、西城、崇文、宣武、朝阳、海淀6个区3000名中学生参加了此次活动，评出一等奖9人、二等奖25人、三等奖53人。6月20日，举行了颁奖仪式。

【7月27日至8月4日】市语委与市教育局在西安联合举办中学生语言文字知识夏令营，60余名中学生参加了此次活动。

【9月20日】市语委办、市校外教育办、市体委群体处、北京利生体育用品服务中心等23个单位联合举办"利生杯"汉语扑克比赛。来自9个区县的84个代表队参加了三个级别、六个项目的比赛。经过激烈角逐，36个代表队分获六个项目十个组别的冠亚军。

1988年

【2月25日】市语委、市语言学会、中国人民大学语言研究所联合举行《汉语拼音方案》发布30周年纪念会。会议由市政府文教办副主任、市语委副主任王晋主持。专家、学者和语言文字工作者60余人出席会议。

【12月20日】市教育局、市语委联合印发《关于表彰语言文字工作先进集体先进个人的决定》，共表彰先进集体51个、

先进个人 84 人。

1989 年

【10月28日】市政府文教办、市城市文明建设协调办、市语委在宣武区召开"社会用字规范化样板街现场会"。市属委办局语言文字工作干部和区县语委办主任 60 多人参加会议。副市长、市语委主任陆宇澄，国家语委副主任王均出席会议并讲话。会议提出"100 天整治 100 条大街，300 天完成 300 条大街"的社会用字治理目标，即自 1989 年 10 月底起，用 100 天时间完成 100 条大街的社会用字治理工作，在亚运会之前，建成 300 条社会用字规范化样板街。

【11月10日】经市政府同意，市语委组成机构进行调整：18 个区县负责文化教育的副区县长被任命为市语委委员，有关市属委办局的负责人增补为市语委委员。调整后的市语委共有委员 35 人，主任由副市长陆宇澄担任，市教育局副局长杨玉民任副主任。

【11月17日】市语委召开全体委员工作会议，会议总结了近两年来我市语言文字工作的基本情况，部署了下一步工作任务，并对市语委的工作机构进行了调整。副市长、市语委主任陆宇澄出席会议并讲话。

1990 年

【3月】市语委、市教育局举办北京市第一届小学生语言文字知识竞赛。

【7月10日至12日】国家语委在北京召开社会用字管理现场会。国务院有关部委的代表，各省、自治区、直辖市、计划单列市语言文字工作机构负责人100余人出席会议。北京市介绍了整顿300条大街社会用字工作的做法和经验。国家语委主任柳斌、常务副主任仲哲明、北京市副市长兼市语委主任陆宇澄出席现场会并讲话。

【12月12日】市语委办召开社会用字规范化大街检查总结工作会。

1991年

【2月2日】市语委召开《汉字简化方案》发布35周年座谈会。国家语委常务副主任仲哲明出席会议并讲话，市语委副主任杨玉民、市语委委员李炳仁、于支峰分别就报纸、电视等媒体用字规范化工作发表了意见。市属相关委办局及区县教育局的负责同志40余人参加了会议。

【2月10日】市语委召开北京市社会用字规范化总结表彰大会。市属有关委办局负责同志及各区县、部分街道办事处的代表共200余人参加了大会。会议宣布东城区、西城区、崇文区、宣武区、石景山区为"社会用字规范化先进区"，东华门街道等29个街道办事处为"社会用字规范化先进街道"，金继红等206名同志为"社会用字规范化先进工作者"。国家语委常务副主任仲哲明，副市长、市语委主任陆宇澄出席会议并讲话。

【4月】市语委、市教育局举办北京市第二届小学生语言

文字知识竞赛。

【5月13日】市语委会同市精神文明建设办、市商委、市工商行政管理局、市环卫局及各区县语委组成联合检查组，进行社会用字检查。

【11月15日】市语委办组织对公交系统社会用字的整治情况进行检查，检查组成员分别在动物园站、公主坟站和北京站等地，对站牌、广告标牌的用字情况进行了检查。

1992年

【1月16日】市教育局印发《关于贯彻国家教委〈关于全国教育系统进一步加强语言文字规范化工作的通知〉的通知》。

【2月29日】市语委召开北京市社会用字规范化表彰大会，会议宣布崇文区为"社会用字规范化优秀区"，北京日报群工部等8个单位为"社会用字规范化先进单位"，东城区安定门街道办事处等45个街道办事处为"社会用字规范化先进街道办事处"，袁燕生等245名同志为"社会用字规范化先进工作者"。国家语委常务副主任仲哲明到会并致贺词。国家语委汉字应用管理司副司长刘连元，市教育局副局长、市语委副主任杨玉民出席会议。

【5月21日】市语委、市商委联合召开西单商场牌匾用字规范化现场会，推广西单商场坚持使用规范汉字的经验和做法。

【10月5日至8日】全国社会用字检查团对北京市社会用字情况进行检查。检查团先后检查了市委市政府办公大楼及

机关大院、西单北大街、骡马市大街、北京火车站、首都剧场、北京医科大学、北师大二附中、北京幼儿师范学校、宣武实验小学等单位。所有受检单位的社会用字完全合格。检查团对北京市社会用字情况给予了高度评价。

【12月3日】市语委召开"北京市社会用字规范化大街现场会"。市长助理陶西平出席会议并宣布市语委正式命名宣武区骡马市大街和西城区西单北大街为"社会用字规范化大街"。椿树街道和西长安街街道办事处主任分别就两条大街的社会用字治理整顿情况做了经验介绍。会议由市语委副主任杨玉民主持。各区县分管副区县长及街道办事处主任140余人参加现场会。

1993年

【1月13日】市语委在市政府召开全委会。副市长、市语委主任陆宇澄出席会议并讲话。市语委副主任杨玉民回顾总结了1992年年度工作，并对1993年的工作进行了部署。委员们学习了《国务院批转国家语委〈关于当前语言文字工作请示〉的通知》，并对《北京市社会用字管理暂行规定》和《北京市实施国务院63号文件方案》进行了讨论，提出了意见和建议。

【2月11日】市语委办召开区县语委办主任工作会议，布置城近郊8个区当年社会用字治理工作。此次治理以市语委印发的《北京市1993年社会用字检查验收标准》和《北京市社会用字检查细则》为依据。计划在5月和10月分两次对全市303条大街的社会用字情况进行检查、验收。

【2月23日】从即日起至5月30日,市语委办与北京晚报群工部联合在该报开辟"规范用字大家谈"专栏,专门刊登探讨社会用字规范化、纠正不规范用字等主题的文章,并在来稿中评选优秀稿件。

【3月1日】市公安局印发《关于围绕申办奥运会做好语言文字工作的通知》,明确要求:在下属各单位,语言文字工作须有领导分工负责,有干部具体管理;建立社会用字审查把关制度,并与目标管理和岗位责任制挂钩。

【3月2日】为在1995年实现全市社会用字规范化的总体目标,市语委办布置10个远郊区县社会用字治理工作。

【3月15日】市工商行政管理局、市语委联合发出《关于在工商行政管理工作中加强社会用字管理的通知》,规定企业、个体工商户和市场的牌匾、广告等需要使用繁体字的,须报区县语言文字工作部门批准。

【3月】市人大代表、政协委员重视语言文字工作。第十届市人大代表(北京师范大学教授王宁等15人)和政协委员白顺良就宣传、出版、文秘、标语、价目表、汉语拼音人名拼写等方面的用字规范化问题提出了很好的意见和建议。

【4月26日】市语委办召开社会用字规范化堵源截流工作座谈会,8个与会单位介绍了各自开展堵源截流工作的做法、心得和体会。

【4月29日】市语委办召开会议,部署1993年工作,研究制定有关社会用字管理的法规,围绕申办2000年奥运会对进一步加强语言文字工作提出了要求。同时,第七届全运会筹

委会和市语委联合印发《关于在第七届全国运动会中正确使用汉字的通知》，对第七届全运会中有关汉字使用问题提出了具体要求。

【4月至9月】市语委与市教育局联合举办10个远郊区县师范学校师范生语言文字知识竞赛，评出一等奖5名、二等奖20名、三等奖50名。10所师范学校获组织奖。

【5月4日】市语委办召开10个远郊区县社会用字管理工作会议，并对与会人员进行了社会用字规范化知识培训。

【6月19日】市语委、市教育局发出《关于北京市普教系统进一步加强汉字规范化工作的通知》，要求各级教育行政部门、各类学校的牌匾、公文、标语、墙报、板报、板书、试卷、会标、奖状、证书、锦旗、校徽等面向广大师生和社会公众的文字必须合乎规范。

【6月21日】市语委、市公安局、市公交总公司的相关同志应邀参加国家语委语用所召开的汉语拼音应用情况座谈会。

【6月】市语委、有关市属委办局、各区语委对全市8个城区126条大街的社会用字进行联合检查。

【8月28日】市语委与市新闻出版局联合召开出版物汉字规范化工作会议。我市107家出版社、报刊社的社长、主编参加了会议。会议强调了汉字使用的规范问题，要求出版单位严格执行国家语言文字方针政策，进一步做好语言文字规范化工作。

【10月23日】国家语委、国家教委赴首都师范大学检查语言文字规范化工作。通过听取汇报、查阅资料、召开座谈

会、对学生进行测试、考察校园环境，检查组成员一致认为首都师范大学的推广普通话和用字规范化工作均已达到较高水平。

【11月26日】市语委召开社会用字堵源截流工作经验交流会。来自全市18个区县的语委办主任、街道乡镇语委干部、市属委办局相关负责同志共100余人参加会议。国家语委副主任仲哲明出席会议，副市长、市语委主任胡昭广出席会议并讲话。市语委副主任杨玉民做工作汇报。会议归纳了我市堵源截流工作的主要措施：工商、市容部门在审批营业执照的同时审批牌匾、广告用字小样；凡需工商、市容部门批准设置的牌匾、广告，设置单位须先经语言文字工作部门进行文字审核等。

1994年

【1月19日】市语委召开1994年语言文字工作会议，全市18个区县语委办主任和市工商行政管理局、市商委的同志参加了会议。会议传达了1993年全国语言文字工作会议精神，总结了上年度全市语言文字工作所取得的成绩和经验，阐明了1994年的工作思路和重点工作。

【2月28日】《北京市公共场所用字管理暂行规定》（北京市人民政府1994年第2号令）发布。该项政府规章的发布标志着北京市公共场所用字管理工作纳入法制轨道，对推动北京市社会用字规范化工作具有重要意义。五年来，市语委针对公共场所用字存在的混乱现象进行专项整顿，使社会用字规

范率由1989年的90%上升至1993年的97%。

【3月16日】国家语委和北京市语委邀请在京参会的全国人大代表和全国政协委员视察北京市社会用字管理工作,并就语言文字工作进行座谈。代表和委员们现场检查了西单北大街的用字情况,听取了市教育局副局长、市语委副主任杨玉民关于社会用字整顿工作的汇报。代表和委员们指出,社会用字规范化工作利国利民。今年政府工作报告明确写入语言文字工作内容,我们应抓住机遇,认真落实,力争总体工作有所突破。大家围绕语言文字立法、普及语言文化知识、词汇规范及促进大陆与港澳台地区语文统一等问题发表了意见,并决定向全社会发出关于加强语言文字应用管理、尽快立法的倡议书。

【3月24日】市语委办举办《北京市公共场所用字管理暂行规定》执法培训班。

【3月25日至6月25日】由市语委、市教育局、北京教育报社联合举办的北京市中小学生1+2语言文字知识竞赛圆满结束。三个月来,全市40万名中小学生经过预赛和决赛的激烈角逐,评出一等奖8名、二等奖20名、三等奖50名、优秀奖260名、鼓励奖1800名。18个区县教育局和107所学校获得组织奖。副市长、市语委主任胡昭广寄语此次竞赛:"语言文字的规范化是国家现代化的基础。在中小学校开展语言文字规范化宣传教育,培养中小学生语言文字规范化意识,益在当代,功在千秋。"

【4月17日】为进一步加大《北京市公共场所用字管理暂

行规定》的宣传力度，市语委办联合北京电视台六频道《为您咨询》栏目录播公共场所用字现场咨询节目，集中解答了社会用字管理的相关问题。市语委副主任杨玉民、市政府法制办副主任张引、北京大学教授苏培成等领导和专家出席咨询活动。

【9月16日】市语委在崇文区天坛街道办事处召开《北京市公共场所用字管理暂行规定》执法现场观摩会。国家教委政策法规司、国家语委汉字应用管理司和推普司、市政府文教办、市教育局的有关领导出席会议。

【9月26日】市语委、市侨联在市政府联合召开"陈和景先生推广普通话表彰会"。陈和景先生系新加坡籍华人，74岁，1988年定居香港。自1989年起，陈和景先生在香港义务推广普通话，成就卓著，赤子情怀感人至深。市语委、市侨联决定授予陈和景先生"志在推普，情系中华"荣誉奖章一枚，并聘请其为市语委名誉顾问。市委统战部、市政府文教办、市侨办、市侨联和市政协相关部门的领导出席表彰会。

【10月26日】市语委在市政府召开全体委员工作会议。市语委副主任杨玉民汇报了1993年至1994年的工作。委员们审议通过了《北京市公共场所用字管理暂行规定实施细则》。国家语委主任许嘉璐，副市长、市语委主任胡昭广出席并讲话。许嘉璐在讲话中充分肯定了北京市语委的工作成绩，鼓励大家在今后的工作中再接再厉，认真贯彻落实《北京市公共场所用字管理暂行规定》，不断推进北京市社会用字规范化工作。

【本年度】全年共 7670 人次参加普通话水平测试。

1995 年

【3 月 4 日】市工商行政管理局印发了《关于工商行政管理工作进一步加强社会用字管理的通知》，文件对公共场所社会用字提出明确要求，加大了社会用字管理力度。

【6 月 12 日】市语委召开北京市公共场所用字规范化现场会，国家语委主任许嘉璐，副市长、市语委主任胡昭广出席并讲话。与会人员现场检查了西城区公共场所用字，该区 72 条繁华大街用字规范率达 99％。会议宣布西城区、昌平县实现了公共场所用字规范化，号召全市共同努力，在年底前使公共场所用字普遍达到规范化水平。胡昭广在讲话中提出要"堵源截流、依法治字、条块结合、齐抓共管"。许嘉璐在讲话中指出，北京市的社会用字管理工作立足点高、工作扎实、经验丰富、效果显著。北京是全国的窗口，北京市公共场所用字面貌代表着国家的文明形象。

【6 月 20 日】市语委、市高教局、市广电局、市教育局联合印发《关于落实国家三部委〈关于开展普通话水平测试工作的决定〉的通知》。

【7 月 14 日】市公安局、市旅游局、市文化局、市园林局、市一商局、北京卫戍区政治部相继印发了关于加强社会用字规范管理、公共场所用字检查、用字规范化达标的文件。胡昭广同志批示："很好。齐抓共管才能有力做好语言文字管理工作。"

【7月17日至23日】北京市第一期普通话水平测试员资格考核培训班在首都师范大学举办。参加培训学习的84名学员经过严格考核，获得首批市级普通话水平测试员资格。副市长、市语委主任胡昭广通过电话向全体学员表示祝贺。

【10月至次年6月】市语委、市高教局、市教育局组织开展了师范院校普及普通话工作优秀论文评选活动。

【11月14日】市委宣传部、市市政管理委员会、市工商行政管理局、市文化局、市广播电视局、市新闻出版局联合发出《关于印发〈北京市广告宣传精神文明标准〉(试行)的通知》。该《标准》第十四条规定：广告宣传"要正确使用祖国的语言文字，大力推广普通话，不应出现以下内容：(1)为达到某种宣传效果、追求经济效益故意使用错别字；(2)广告道白用地方语言代替普通话；(3)语言港台化、洋化，对祖国语言文字有不良影响；(4)贬低、丑化、否定祖国优秀传统文化；(5)擅改成语，编造不恰当的谐音成语；(6)使用繁体字、异体字"。第十五条规定："广告用字必须符合国家制定的文字标准"。

【11月26日】市教育局、市语委召开全市社会用字管理工作汇报会，市语委副主任杨玉民到会讲话。会议代表分3个组对西城区、东城区和宣武区3个城区的社会用字管理工作进行了考察。

【11月】经过检查验收，北京市主要公共场所的用字已全部实现规范化。8个城区的中型以上街道和10个远郊区县政府所在城镇的525条要道用字规范率达99%以上。

【12月25日】纪念文字改革和现代汉语规范化工作40周年大会在北京举行。国务院副总理李岚清代表党中央、国务院做了重要讲话。大会对在语言文字应用工作中做出显著成绩的北京市副市长胡昭广等5个城市的副市长进行了表彰。雷洁琼、孙起孟、吴阶平、钱伟长等出席会议。副市长、市语委主任胡昭广宣布：截至1995年11月底，北京市主要公共场所的用字经过检查验收，已全部达到规范标准，如期实现了国务院1992年63号文件提出的规范化目标。同时指出："在此次全国纪念文字改革和现代汉语规范化工作40周年大会上，北京的语言文字工作受到表彰，但我们更要冷静地找差距，按照李岚清同志讲话精神，部署新一年工作，再上新台阶。"

【本年度】全年共8840人次参加普通话水平测试。

1996年

【1月11日】市语委办在密云师范学校召开全市普通话水平测试现场会。会议期间，与会人员听取了密云师范学校有关普通话水平测试工作情况的介绍，并现场观摩了测试的全过程。

【3月19日至25日】市语委办在密云师范学校举办了第二期市级普通话水平测试员资格考核培训班，52人通过培训考核并取得市级测试员资格。

【4月3日】市语委办召开会议部署师范生普通话水平测试工作，强调和规定了有关事项。

【4月22日】市教委、市语委联合印发《关于在中小学、师范院校开展普通话水平测试工作的通知》,我市师范院校开始在应届毕业生中开展普通话水平测试工作。

【4月24日】市语委召开我市公共场所用字规范化总结表彰大会,国家语委党组书记朱新均出席会议并讲话。他在讲话中对北京市在全国率先实现公共场所社会用字规范化给予了高度评价,并对北京市今后开展社会用字管理工作提出了希望和建议。市语委副主任兰宏生做了北京市公共场所用字规范化工作总结报告。市语委、市教委、市人事局授予景山街道办事处等25个集体和叶钟玮等11名个人"先进集体标兵"和"先进个人标兵"的称号,授予西城区和昌平县"社会用字规范化"锦旗,对63个先进集体、134个先进街道办事处、500名先进工作者进行了表彰。

【4月】语言文字环境亟待净化——人大代表、政协委员提出建议和提案。北京市第十届人民代表大会第四次会议和政协北京市第八届委员会第四次会议上,39位代表和委员对语言文字环境中出现的洋化、封建化、粗俗化、方言化回潮,滥用繁体字等不良倾向提出批评,要求有关部门采取有效措施,清理社会语言文字污染,维护祖国语言文字的纯洁和健康,并提出北京应该带头制定有关法规。

【4月】市语委办组织力量对两报两台(《北京日报》《北京晚报》、北京电视台一台、北京电视台二台)进行监测,并出具了监测报告(错误数、错误率等)。

【5月22日】市语委办召开区县语委办工作会议部署1996

年公共场所用字检查工作。

【6月6日】市语委召开18个区县语委负责同志出席的公共场所用字检查工作汇报会。

【7月10日至9月20日】市语委开展"请市民共查街头不规范字"活动。此消息通过媒体报道后，广大市民积极响应，踊跃来电来函参与此项活动。北京地区主要媒体均对此项活动进行了采访和报道。

【7月15日】市语委办召开师范学校毕业生普通话水平测试总结会。我市首次在师范生中开展普通话水平测试工作，半年来，共有4000多名学生通过测试并获得普通话水平等级证书。

【7月22日至27日】市语委办为香港来京观光旅游团一行12人进行了普通话培训与测试，并颁发了证书。测试结果12人全部合格，其中1人优秀、2人良好。

【7月】市语委对中国建设银行、中国投资银行、中国国际工程咨询公司、中国人民保险集团公司、中信实业银行等单位的不规范字进行了清理。其中，"中国国际工程咨询公司"由李鹏总理题写，总理在得知"际"不是规范的简化字后，题写了规范的"际"字。

【9月18日】市商委、市语委联合印发《关于北京市商业系统加强语言文字工作的通知》，要求各商业单位对本单位牌匾、广告、橱窗等用字进行全面检查，对不规范字及时改正，并对注册商标定型字在牌匾、广告中的使用及商品中外文名称的使用做出了规定。

【12月17日】《中国教育报》刊登江泽民主席就语言文字工作发表的意见：汉字简化方向不能改变。各种印刷品、宣传品尤应坚持使用简化字；海峡两岸的汉字可维持现状；书法艺术创作，写繁体字还是简化字应尊重作者风格和习惯，可以悉听尊便。许嘉璐同志在1996年北京市语委全委会上的讲话中传达指示精神，胡昭广同志出席会议并讲话。

【本年度】全年共9120人次参加普通话水平测试。

1997年

【1月4日】市语委召开市属委办局工作会，三十多家市语委成员单位的负责人参加会议，并分别汇报了本部门1996年开展语言文字工作的情况，交流了当年开展工作的计划。市语委办对上年度工作进行了总结，并对当年工作做了部署。

【1月9日】全国人大教科文卫委员会、国家语委和市语委在北京市的重点商业街、高科技园区、机场和火车站进行外文使用情况调研。

【1月14日】市语委、市新闻出版局联合举办《标点符号用法》和《出版物上数字用法》专题讲座，参与两项国标起草工作的国家语委语言文字应用研究所的厉兵、刘一玲老师担任主讲人。市属各出版社、报刊社均派出一名总编或副总编共100余人与会。

【1月】市语委召开北京电视台、市一商局等16个委办局参加的工作会议。强调加强节目用字、标点符号和出版物上数字使用的规范化，以及在更广泛的领域开展推广普通话

工作。

【3月12日】市语委印发《关于公共场所使用商标定型字的通知》和《关于管理不规范商标注册字的通知》。

【3月18日】市语委再次举办两项国家标准《标点符号用法》和《出版物上数字用法》专题讲座。市属委办局办公室文秘人员共60余人与会。

【3月至6月】首都师范大学先后对1993级751名和1995级794名学生进行了普通话水平测试,总达标率98.7%。

【4月3日】市语委、市商委联合在长安商场召开创建社会用字规范化商场现场会。国家语委主任许嘉璐,副市长、市语委主任胡昭广出席现场会并讲话。18个区县语委办、商委负责人及40家大中型商场经理共100余人与会。

【4月14日】市语委办组织的征集语言文字工作宣传语活动圆满结束。在一个月的征集期限内,共收到市民来信794封,宣传语2874条。经评选,10条宣传语获颁优秀奖。

【4月18日】长安商场、北京百货大楼、西单商场等21家商场发出《创建社会用字规范化单位》倡议书,号召全市各商业企业认真贯彻国家语言文字方针政策、落实市政府1994年2号令,按照国家有关标准,对牌匾、广告、橱窗、灯箱、霓虹灯、标语、标志、物价标签、导购说明等商场内外部用字进行检查清理,争当社会用字规范化单位,为北京市的两个文明建设做出贡献。

【4月22日至29日】市语委办在北京教育学院举办第三期普通话水平测试员资格考核培训班,来自区县语文教研室、

中等师范学校、中小学和教师进修学校的教师以及区县语委办干部参加了培训。经考核，52人取得市级普通话水平测试员资格证书。

【6月10日至12日】市语委开展上半年全市公共场所用字检查并召开现场会。经检查组验收，受查的21家大型商场及有关街巷的社会用字情况均达到了规范标准，被市语委、市商委授予"社会用字规范化单位"标牌。国家语委主任许嘉璐，副市长、市语委主任胡昭广出席现场会并讲话。

【6月12日】市语委组织在校生参加的"首届全国规范汉字书写大赛"开幕。全市参赛学校36所，参赛学生150余名，参赛作品300余件（软笔作品28件，硬笔作品270余件）。我市获评软笔书法作品一等奖4件、二等奖6件、三等奖5件；硬笔书法作品一等奖24件、二等奖44件、三等奖65件；优秀指导教师7名、优秀组织单位15个。

【10月6日至12月6日】市广电局和市语委分4期对434名广电系统播音员、主持人进行普通话水平测试。此次测试，312人通过一甲，占71.9%；121人通过一乙，占27.9%；仅1人通过二甲。

【12月27日】全国语言文字工作会议北京现场会召开。参会的各省、直辖市、自治区、计划单列市的代表200余人赴长安商场、北京电视台、航空博物馆、明皇蜡像宫考察北京市语言文字管理工作，并听取了工作汇报。国家语委党组书记朱新均，国家语委副主任孟吉平、傅永和，北京市副市长、市语委主任胡昭广出席现场会。全国语言文字工作会议

北京市语言文字工作大事记
(1986年至2016年)

于12月23日起召开,中共中央政治局常委、国务院副总理李岚清出席并讲话,他强调语言文字工作是社会主义文化建设的重要内容,是国家现代化建设不可缺少的组成部分。1986年以来的12年间,语言文字规范化工作逐步加强,出版、影视屏幕、计算机、党政机关和学校用字的规范化状况明显改善。国家语委主任许嘉璐提出在21世纪中叶前,语言文字规范标准和各项管理制度更加完善、普通话在全国范围内普及、交际中没有方言隔阂、语言文字规范标准方面实现较高水平的优化统一等目标。12月26日,全国语言文字工作会议召开表彰会,我市共有13名个人和11个单位荣获全国先进称号,市语委办名列其中。

【本年度】全年共22300人次参加普通话水平测试。

1998年

【2月16日至22日】市语委办在首都师范大学举办北京市第四期普通话水平测试员资格考核培训班,来自中小学、师范学校、教师进修学校、职工大学的教师及教研员,区县语委办干部和首都师范大学教师共127人参训。经考核,113名学员取得市级普通话水平测试员资格。国家语委、北京市语委的领导为学员颁发了资格证书。

【3月6日】市语委与市商委联合召开1997年度商业系统社会用字规范化单位总结表彰会。会议对我市近年来开展的商业系统社会用字规范化单位创建活动进行了总结,授予在活动期间积极治理整改并通过检查验收的18个区县的19家

商场"社会用字规范化单位"奖牌。与会人员观看了西城区长安商场规范用字录像片并进行了经验交流。

【4月10日】市教委、市语委联合印发《关于专任教师普通话水平测试实施意见(试行)》,要求各区县成立专任教师普通话水平测试工作领导小组,并对测试程序、内容、标准以及受测人员范围进行了规定。

【4月15日】市教委、市语委召开北京市专任教师普通话水平测试动员会,国家语委、市教委、市语委及全市18个区县教委、语委的有关负责同志共150余人与会。市教委副主任兰宏生做动员报告,进一步强调了推广普通话的重要意义,要求各级领导高度重视、大力支持,充分发挥教师在推普工作中的榜样作用,积极参加普通话水平测试,为其他行业做出表率,促进我市语言文字工作水平的提高。市普通话水平测试工作领导小组负责人向各区县布置了普通话水平测试工作任务。

【4月22日】市语委办举办北京市第一期普通话水平测试员骨干培训班。培训班由《普通话水平测试指南》主编、特级教师范燕生主讲,涉及测试要求、评分标准等内容。通过培训,测试员的业务能力得到提高。

【5月15日】市语委办召开专任教师普通话水平测试工作交流会,各区县汇报了各自开展工作的情况。在不到一个月的时间里,18个区县均已建立了区县专任教师普通话水平测试工作领导小组,制定了实施意见,落实了测试经费,全面完成了测试准备工作。

【6月1日至7月31日】为配合首届全国推广普通话宣传周活动的开展，市语委办向社会征集推广普通话宣传画。此次活动共征集到作品124份，经专家评审，产生一等奖1名、二等奖3名、三等奖5名。

【7月5日】市语委办对26个对外汉语教学单位的183名对外汉语教师进行普通话水平测试。共175人达到合格标准，取得普通话水平等级证书。

【7月12日至19日】北京市第五期普通话水平测试员资格考核培训班在首都师范大学举办，来自大中小学、职教、成教、教研、进修学校等教学岗位的教师及部分区县语委办、教育行政部门工作人员共194人参训。学员系统学习了国家语言文字方针政策、《普通话水平测试大纲》和普通话水平测试的评分操作及组织管理等相关内容。经考核，173人取得市级普通话水平测试员资格证书。

【8月至9月】为配合首届"推普周"宣传活动的开展，市语委办举办"我与普通话"有奖征文活动。到截止日9月30日，共收到稿件266篇，经评选，一等奖空缺，3人获二等奖，5人获三等奖，其余参赛者均获纪念奖。

【9月13日】市语委与北京人民广播电台联合开办的《大家都说普通话》节目首播，定于每周二、五15点30分至16点30分在电台教育频道播出。节目内容包括普通话溯源，普通话语音、朗读、说话知识，普通话发音技巧指导，普通话水平测试介绍，优秀朗诵作品赏析等。为增强趣味性和娱乐性，节目中还穿插了字词规范读音有奖问答、推普公益广告等内

容。该节目的播出加大了我市推普工作的宣传力度。

【9月13日至19日】本周为首届全国推广普通话宣传周，主题是"国家推广全国通用的普通话"。市语委在报纸、电台、电视台等各类媒体开展了广泛的宣传，市及各区县语委都组织了大型的广场宣传咨询活动，并举行了第二届全国公务员普通话大赛北京地区选拔赛。北京电视台安排播出了系列专题片《中华民族的通用语言——普通话》(1～4集)。

【10月8日】市语委在市政府召开1998年度全委会，副市长、市语委主任林文漪到会并讲话，市语委各成员单位负责人及联络员、各区县语委办负责人参加了会议。会议回顾总结了前一阶段语言文字工作的成绩和经验，分析了当前语言文字工作面临的形势，安排部署了今后一个阶段的工作任务，表彰语言文字工作先进集体38个、先进个人87人。

【10月20日至25日】市语委办组织各区县语委办主任赴上海考察交流普通话水平测试管理工作，取得良好效果。

【11月19日】市语委办召开专任教师普通话水平测试工作研讨会，会议对半年来开展普通话水平测试工作的经验进行了总结，指出并纠正了测试中存在的问题，进一步提高了测试工作的正规化水平。各区县语委办主任、区县教委人事科负责同志参加了研讨会。

【11月21日至12月1日】市语委举办第五届全国普通话广播大赛北京地区选拔赛，共有90位选手进入复赛。根据国家语委的要求，推选两名选手参加全国大赛，两位选手在全国大赛中分获二、三等奖。

【11月28日】市语委办召开区县语委办主任工作会,布置社会用字检查工作,会议明确了检查的时间、范围、方式、要求和标准。

【11月29日】北京市首次开展社会人员普通话水平测试工作,136名自愿报名的社会考生在首都师范大学接受了测试。

【12月24日】市语委办举办第二期普通话水平测试员骨干培训班,共178名测试员参加了普通话水平测试听辨音理论基础和朗诵技巧等专题的培训。

【12月29日】市语委办召开1998年下半年社会用字检查工作总结会,各区县语委办汇报了检查情况,市语委办对此次检查工作进行总结,并通报了检查结果。

【本年度】全年共42000人次参加普通话水平测试。

1999年

【4月10日至17日】为适应专任教师普通话水平测试工作的需要,市语委普通话培训测试中心在首都师范大学举办北京市第六期普通话水平测试员资格考核培训班,共174名学员参训。培训班开设了《普通话水平测试大纲》辅导、普通话水平测试实践练习等课程。所有参训学员均通过考核,取得了市级普通话水平测试员资格证书,为我市语言文字工作队伍再添新力量。

【4月15日至6月15日】市教委、市语委举办首届专任教师普通话大赛,比赛分初赛和决赛两个阶段,来自18个区县

的 54 名选手进入决赛，经过激烈角逐，分别产生集体一、二、三等奖和组织奖，个人一、二、三等奖和优秀奖。

【9月10日至12月】我市完成 100 多所中等专业学校 3000 余名专任教师普通话水平测试工作任务。

【9月17日】结合第二届全国推广普通话宣传周活动，市教委、教育部语用司在市教委报告厅联合举办了一场由专业艺术家和优秀业余选手同台演出的朗诵艺术欣赏会。曹灿、周正、瞿弦和、虹云、冯福生等著名朗诵艺术家和北京地区近年来在各种普通话大赛中获奖的优秀选手，以及特邀的劳动模范李素丽同台演出，他们的精彩表演展示了语言魅力。这台节目由中国教育电视台编成《国庆特辑》播出。

【10月8日至15日】市语委组织交流考察团赴重庆学习借鉴普通话水平测试和社会用字管理经验。

【11月10日】市语委组织有关部门召开《一类城市语言文字工作评估指导标准》征求意见座谈会，就教育部语用司下发的《一类城市语言文字工作评估指导标准（征求意见稿）》及其操作细则向与会同志征求了意见和建议。

【本年度】全年共 41000 人次参加普通话水平测试。

2000 年

【2月24日至26日】市教委、市语委召开北京市实施"中国语言文字使用情况调查"工作会议，市语委副主任高玉琛到会并讲话。

【3月10日】市教委、市语委举办北京市实施"中国语言

文字使用情况调查"调查员培训班,培训调查员58人。

【4月10日至30日】市语委组织开展"中国语言文字使用情况调查"北京地区调查工作。调查采取问卷形式,重点调查对象为公务员、教师、大学生、中学生等群体和商业、医疗、传媒等行业从业者,年龄为15～69周岁,涉及专项调查人数1400人、入户调查人数4550人,涉及调查人口2万人。为协调调查工作,由市教委、市语委等11个市属单位组成的北京市语言文字使用情况调查工作领导小组成员,市语委办负责具体的调查组织工作。

【6月3日至4日】市教委、市语委举办我市第二届专任教师普通话朗诵比赛,经初赛选拔,来自18个区县的90名选手进入决赛,经过激烈角逐,产生个人一等奖1名、二等奖7名、三等奖15名、优秀奖67名,集体一等奖1名、二等奖2名、三等奖3名、组织奖12名。

【7月7日】市教委、市语委印发《关于转发〈关于开展第三届全国推广普通话宣传周活动的通知〉的通知》。

【9月10日至16日】第三届全国推广普通话宣传周期间,北京人民广播电台《普通话沙龙》栏目开播(每周1期)。10日,教育部、国家语委、北京市语委和北京市西城区人民政府在西单文化广场联合举办第三届全国"推普周"开幕式和大型宣传咨询活动。

【11月20日】10月31日,《中华人民共和国国家通用语言文字法》由第九届全国人民代表大会常务委员会第十八次会议通过,自2001年1月1日起施行。市语委印发《关于开展宣

传〈中华人民共和国国家通用语言文字法〉活动的通知》。

【12月24日至30日】北京市普通话培训测试中心与香港中华协进会组织20多名香港中学生参加"游北京、学普通话"活动。同学们参观了长城、故宫博物院等名胜古迹，参加了普通话学习并接受了普通话水平测试，其中5人获得普通话水平等级证书，其他参测人员获得荣誉证书。

【本年度】全年共12020人通过普通话水平测试。

2001年

【2月至10月】市语委完成北京地区高等学校普通话水平测试任务。共有106所高校的8076名教师参加了测试，其中，7769人达到二级乙等以上水平，合格率达96.2%。

【4月11日】市语委接待国家语委考察团。考察团由国家语委领导和参加全国语委办主任工作会议的各省市语委办主任组成，重点考察了长安商场和世界公园的社会用字治理和推广普通话工作情况。

【4月26日】市语委召开年度工作会议。会议总结了北京市语言文字工作开展情况，明确了2001年及"十五"期间语言文字工作的主要任务和工作目标，提出了《北京市实施〈中华人民共和国国家通用语言文字法〉细则（草案）》的修改意见。副市长、市语委主任林文漪出席会议并讲话。

【5月17日至24日】市语委办在平谷举办第七期普通话水平测试员资格考核培训班，经培训考核，92人获得市级普通话水平测试员资格。

【6月6日】市教委、市语委召开北京地区高等学校普通话水平测试工作动员会。教育部语用司司长杨光出席会议并讲话,市教委副主任李观政做动员报告。会议安排了普通话水平测试现场演示。

【7月26日】市语委办举办第三期普通话水平测试员骨干培训班,学员主要是执行高校教师普通话水平测试任务的测试员。

【8月15日至9月20日】市语委办举办"我与普通话"有奖征文活动。共收到来稿1862篇,年龄最大的投稿人已82岁,最小的仅10岁。经评审,产生一等奖10名、二等奖30名、三等奖60名、优胜奖140名、组织奖13个。市语委办将一、二、三等奖获奖作品汇编成《面向现代化,推广普通话》文集。

【9月9日至15日】第四届全国推广普通话宣传周。市语委组织了形式多样的宣传活动,包括在电视台、电台播出公益广告、宣传口号和专题节目,设置宣传咨询站,举办推普文艺演出等。9月9日,由市语委主办、朝阳区语委等单位协办的北京市专任教师普通话朗诵暨庆祝教师节文艺演出会在朝阳剧场举行。

【11月至12月】市语委办组织对北京地区电台、电视台、报刊等媒体的语言文字使用情况实施监测。监测范围包括北京人民广播电台的7个频率、北京电视台的5个频道、北京地区的4份报纸和9份刊物。累计监测电视节目15个小时、广播节目31个小时、报纸112版、刊物20期。监测内容包括播音员、主持人的语言使用情况及媒体的文字使用情况。

【12月】市语委办组织对61处公共场所社会用字规范化情况进行检查验收。1997年起，全市18个区县持续开展了一年两次的社会用字治理工作，已有415处公共场所实现了内外部社会用字的规范化。

【12月】朝阳区语委办在民办学校开展教师普通话水平测试工作。39所民办院校的597名教师和53所民办幼儿园的400名教师接受了测试。至此，朝阳区全面完成首轮教师普通话水平测试工作。

【本年度】全年共24789人次参加普通话水平测试。

2002年

【3月6日】市语委召开年度语言文字工作会议，回顾总结了2001年的工作，阐述了"十五"期间北京市语言文字工作的指导思想，重点部署了2002年的一类城市语言文字评估工作。部分区县交流了开展语言文字工作的经验和思路。教育部语信司副司长王铁琨出席会议并讲话，市语委副主任刘莉做工作报告。

【3月21日】市语委在大兴区召开市属委办局语言文字工作会议，市语委副主任刘莉到会并讲话。会议主题是"迎接国家一类城市语言文字工作评估"。

【5月30日】市新闻出版局举办全市新闻出版行业迎接国家一类城市语言文字工作评估动员大会及语言文字规范化知识讲座。

【6月20日】市教委、市语委召开一类城市语言文字评估

工作会,会议向各单位部署了迎评工作任务,要求各单位对评估工作高度重视,在自查自纠的基础上加强整改,做好迎接国家语委评估的各项准备工作。各区县语委办主任、市属委办局语言文字工作干部80余人参加了会议。

【7月9日】市语委办组织赴黑龙江省交流考察一类城市语言文字评估工作。

【7月至11月】市语委办抽查报刊等媒体用语用字情况。7月,抽查《北京日报》《北京晚报》《北京青年报》的语用情况,共抽查报纸10期;11月,审查北京电视台191个栏目标题的语言文字使用情况。根据市语委办的反馈意见,上述媒体对不规范之处进行了整改。

【9月5日】市语委组织对8个城区实施语言文字工作进行检查初评。受检单位包括区政府、区教委等行政机关,商场、医院、火车站、长途汽车站等窗口行业,以及学校、电视台等共计85个部门、单位。10月11日,市语委召开城八区初评工作总结会。

【9月15日至21日】第五届全国推广普通话宣传周。市语委以"宣传《国家通用语言文字法》和一类城市语言文字工作评估"为主题,开展了现场咨询、文艺演出、知识竞赛等系列宣传活动。来自全市教育系统180所学校的9000名师生踊跃参与了上述活动。

【9月】市语委、北京人民广播电台继续开办《普通话沙龙》节目。该节目在北京人民广播电台AM1026中波和FM调频两个频道同时播出,每周一次,每次50分钟。设"专家恳

谈""语言文字常识""黄牌警告台"等专题。至年底，共播发文章96篇，听众达24万人次。

【9月至12月】市语委办举办中学生语言文字公益广告制作竞赛。竞赛分初赛和决赛两个阶段进行。来自36所学校的180件作品参赛，其中71件作品进入决赛。经评选，产生个人一等奖3件、二等奖5件、三等奖8件，14个单位获集体组织奖。

【11月】首都师范大学举行毕业生普通话水平测试。共1100人参试，1090人通过测试，取得普通话水平等级证书。自1994年起，该校就在全市率先开展了毕业生普通话水平测试工作。

【12月10日至12日】教育部、国家语委对北京市的语言文字工作进行考查评估。评估组由全国人大教科文卫委员会委员、国家总督学顾问柳斌任组长，成员有津、沪、渝三市人大的领导和语委办负责人，以及教育部、民政部、国家新闻出版总署、国家广电总局、国家工商行政管理总局相关部门负责人和部分部属高校、国家有关研究机构的语言文字专家学者。教育部副部长、国家语委主任袁贵仁，北京市副市长、市语委主任林文漪出席汇报会和总结会并发表讲话。评估组听取了市语委自评报告，采取定点和随机抽样相结合的方式，对党政机关、学校、新闻媒体和公共服务行业的18个单位进行了实地考察。评估组认定：北京市现阶段语言文字的社会应用符合《国家通用语言文字法》的规定和要求，提前实现了"普通话初步普及、汉字的社会应用基本规范"的新世

纪初叶工作目标，并达到了较高的规范化水平。至此，北京市通过了国家一类城市语言文字工作评估。

【本年度】全年共 9989 人次参加普通话水平测试。

2003 年

【1月9日】教育部、国家语委印发《关于反馈对北京市语言文字工作评估认定意见的通知》。

【3月26日】市语委办召开郊区县语委办主任会议，布置郊区县的语言文字评估工作。

【3月28日至30日】为进一步提高测试员业务水平，做好普通话水平测试工作，市语委举办 2003 年普通话水平测试员培训班。来自各区县的 80 名骨干测试员参加了培训。测试员们从实践中归纳提出了关于进一步统一测试标准的几个主要问题，一是统一入级入等临界划分的标准，二是统一方言语调评分的标准，三是统一语音面貌定档的标准，四是统一字词正确与缺陷划分的标准。市语委办决定将针对这些实际问题研究相应办法。

【4月至11月】市语委在全国率先完成二类城市语言文字工作评估。评估采用区县初评，全员动员、培训、整改，市评估组抽查的方式。评估内容涵盖语言文字应用综合管理、普及普通话情况和社会用字管理情况等方面，涉及 10 个郊区县党政机关、新闻媒体、教育机构和公共服务行业，共检查了 100 个单位，播音员、主持人、机关干部、教师、售货员、工人等各相关行业共计 500 余人参加了普通话水平测试。10

个郊区县全部通过了二类城市语言文字工作评估。

【5月30日】北京市第十二届人民代表大会常务委员会第四次会议通过《北京市实施〈中华人民共和国国家通用语言文字法〉若干规定》，自2003年8月1日起施行。

【6月20日】市委宣传部、市人大常委会教科文卫体委员会、市教委、市司法局、市语委联合印发《关于学习宣传和贯彻实施〈北京市实施《中华人民共和国国家通用语言文字法》若干规定〉的通知》。

【7月14日】北京语言文字网（www.beijing-language.gov.cn）开通。网站设有政策法规、语委政务、信息快递、城市评估、汉语规范、推普指南、测试园地、社会语文和学术研究等栏目，为社会公众提供国家语言文字方针政策、法律法规宣传、语文信息交流和语言文字学术探讨等内容。

【7月14日至17日】市语委办举办区县语委干部网络知识培训班。教育部语信司司长李宇明教授做了题为《信息化时代的语言问题》工作报告，重点讲解了推广普通话、汉语汉字规范化建设、发挥汉语拼音作用、加强中国语言文字信息处理研究、建设基于网络的数据库、实施汉语国际化战略等内容。培训班还安排了计算机网络、网站建设和维护、网页制作方法等专题讲座，并部署了区县语言文字网站建设工作。各区县语言文字工作干部共60人参加了培训。

【8月12日】市语委在房山区召开二类城市语言文字工作评估现场会。评估组通过听取汇报、查阅资料、问卷调查、实地考察等形式对该区的语言文字工作进行了全面的评估检

查，认定房山区通过二类城市语言文字评估。教育部语用司副司长张世平和市语委副主任刘莉出席现场会。湖南省语委办10多名同行及大兴、通州、昌平、平谷、顺义等区县语委办干部随同观摩。

【9月20日至27日】第六届全国推广普通话宣传周。市语委以宣传《国家通用语言文字法》和《北京市实施〈国家通用语言文字法〉若干规定》为重点，举办了朗诵比赛、文艺表演和演讲等宣传教育活动。全市18个咨询点共接待咨询万余人次，发放宣传材料5万余份。

【10月14日】市语委办在密云县举办语委干部培训班，邀请专家做语言文字规范知识专题讲座，系统讲授异体字、简化字、汉语拼音规则等业务知识。各区县语委干部98人参加了培训学习。

【11月5日】全国语言文字工作系统政务信息化评优活动结果揭晓，北京语言文字网荣获二等奖。

【12月】市语委办完成香港少儿普通话能力测试。该测试应香港天平儿童基础教育中心要求，由市普通话培训测试中心主持实施。来自香港的30名儿童参加了测试，其中，14人达到少儿普通话能力四级水平，其他儿童分别达到一、二、三级水平。他们均获得相应等级的普通话能力证书。

【本年度】全年共4768人次参加普通话水平测试。

2004年

【3月6日至10日】来自18个区县的40多名学员参加了

在京举办的全国首期汉语拼音理论与教学高级研修班的学习。教育部语用司司长杨光、北京市语委副主任刘莉出席结业式并给学员们颁发了结业证书。

【4月16日】市语委召开2004年度语言文字工作会议,市语委副主任刘莉做工作报告,总结2003年语言文字工作,部署2004年工作。副市长、市语委主任范伯元,教育部语用司副司长张世平到会并讲话。参加会议的有各区县主管副区县长以及市委宣传部、市工商局、市新闻出版局、市公安局等20个市属委办局分管领导。市工商局做典型经验交流发言。范伯元副市长在讲话中对语言文字工作从五个方面提出要求:第一,从全面建设小康社会的宏伟目标出发,进一步提高对新世纪语言文字工作重要意义的认识;第二,认真贯彻实施《中华人民共和国国家通用语言文字法》和《北京市实施〈中华人民共和国国家通用语言文字法〉若干规定》,提高依法行政水平;第三,各区县要进一步健全管理机制,按照《若干规定》要求,努力落实人员和经费;第四,进一步重视和发挥学校的基础作用;第五,强化堵源截流,防止社会用字不规范现象的反弹。

【4月至10月】市语委完成北京市社会用字调研。此次调研以规范、优化语言文字环境,适应"新北京、新奥运"人文环境要求为主题,分实地调查—研讨—复查—再研讨4个阶段进行。调研范围涉及长安街、平安大街和两广路沿线社会用字情况。

【5月至7月】市语委办组织我市首届普通话水平测试学

术论文评选活动，共收到论文200多篇，经评选，3篇优秀论文被报送至国家语委参加全国评审。

【6月10日至22日】市语委完成城八区党政机关语言文字工作评估。此次评估以党政机关实施国家语言文字法律法规情况为重点，实地考查了16家机关单位的语言文字工作，结果全部达标，这16家单位成为北京市首批语言文字规范化达标单位。

【7月至9月】市语委办举办了两期《普通话水平测试大纲》培训班。培训班以国家语委2003年10月发布的《普通话水平测试大纲》为教材，重点解读了评分标准等内容。来自18个区县的305名普通话水平测试员参加了学习。

【8月14日至9月7日】市语委、北京人民广播电台联合举办国家通用语言文字法律法规知识竞赛。竞赛以"宣传语言文字法律法规、提高全社会依法规范使用语言文字意识"为主题，在北京语言文字网、北京人民广播电台和《北京广播电视报》播出或刊登试题。除北京市民外，还有11个省市的听众和读者，共12000余人参与竞赛，评选产生优胜奖50名，其余参赛者均获得纪念奖。

【8月16日至18日】市语委办举办语言文字工作干部法律法规知识培训班。培训以《国家通用语言文字法》及相关规范标准为主要内容，重点讲解了异体字、简化字、汉语拼音及数字、标点符号用法等基础知识。市属委办局、区县语委办干部共100人参加学习。

【8月30日】市语委办完成普通话水平测试工作站调整工

作，按照合理布局，区县、高校相结合的原则，设立测试工作站 20 个。

【10月】市语委办印发《北京市普通话水平测试管理细则（试行）》和《北京市普通话水平测试评分细则（试行）》，要求测试机构组织测试员认真学习，并切实遵照执行。

【11月12日】市语委办召开普通话水平测试管理工作会，18 个区县的语委办主任、各测试工作站负责人参会。会议传达了 2004 年全国普通话水平测试管理工作会议的精神，市语委办主任吴晓燕用"四个加强"总结了近两年普通话水平测试工作开展情况，即加强了测试机构、测试制度、测试教材、测试队伍的建设，就下一阶段的主要工作进行了部署，提出在拓展普通话水平测试领域的同时，要严把测试工作质量关。

【11月26日】市人大常委会检查组考察《北京市实施〈中华人民共和国国家通用语言文字法〉若干规定》的落实情况。市人大常委会副主任田麦久、教科文卫体委员会主任史炳忠等 9 位委员听取并审议了市语委副主任刘莉的工作汇报。委员们深入崇文区工商分局、牛街街道办事处、菜市口百货商场和首都师范大学进行实地检查。检查组肯定了北京市一年来为落实《若干规定》所做的努力，并提出了意见和建议。委员们提出：语言文字工作是首都人文环境建设的重要内容，要加大宣传力度，提高各级领导和全社会的认识。要督促各区县按照《若干规定》的要求，落实语言文字工作的人员和经费。田麦久副主任指出：在推进语言文字规范化建设的同时，要注意与弘扬中华优秀传统文化相结合。

北京市语言文字工作大事记
(1986年至2016年)

【本年度】全年共23800人次参加普通话水平测试。

2005年

【2月至4月】市语委办组织社会用字现状调研。调研分为制定方案、实地调查、研讨总结3个阶段，调研组对二环、三环道路两侧，2.5平方千米范围内的交通标牌、广告牌文字使用情况进行考查。来自中国人民大学、北京师范大学和首都师范大学3所高校的80名师生参加了调研工作。统计结果显示，社会用字规范率达95%。

【3月】市教委、市语委印发《转发〈教育部、国家语委关于开展语言文字规范化示范校创建活动意见〉的通知》，要求将语言文字规范化纳入学校培养目标、常规管理和基本功训练，渗透到德、智、体、美各项教育及社会实践各项活动中（即"三纳入一渗透"）。计划年内评定23所市级示范校，用3年时间，创建市级语言文字规范化示范校100所，并推荐部分市级示范校参评国家级示范校。

【4月至6月】市语委办举办了3期语言文字法规知识培训班。培训班以"提高依法行政能力"为主题，讲授语言文字法律法规和规范标准知识等课程。共有来自18个区县、12个市属委办局及4所高校的语言文字工作干部130人参加了学习。

【4月至11月】市语委办完成中小学普通话普及情况调研。此次调研以"发挥学校在推广普通话工作中的基础作用"为主题，采用问卷调查方法，以平谷区和延庆县为重点。共

有来自各区县66所学校的3376名师生参加调查。结果显示，师生普通话水平整体较高。

【5月8日】市语委启动社会用字监督员聘用工作。经区县语委办推荐、市语委办培训考核认定，84名同志被聘为首批北京市社会用字监督员，主要负责宣传国家语言文字法律法规，监督所在辖区的社会用字情况，并督促纠正不规范用字现象。

【7月23日至30日】市语委办举办第八期普通话水平测试员资格考核培训班。经考核，68人取得北京市普通话水平测试员资格证书。至此，全市普通话水平测试员队伍达800人。

【7月】为配合第八届全国推广普通话宣传周活动的开展，我市组织全市师范院校学生参加"全国师范院校学生语言文字基本功大赛"，3500余名学生报名参赛。

【9月11日至18日】市语委举办第八届全国推广普通话宣传周活动。活动以"实现顺畅交流，构建和谐社会"为主题，结合北京2008年奥运会语言环境建设要求，以区县为单位，组织了百米长卷万人签名、文艺表演、咨询测试等形式多样的系列活动，广泛宣传语言文字法律法规。近10万名市民参与了活动。

【9月18日】市语委办举办首届公务员普通话竞赛。竞赛采用现场量化记分，13个市属委办局的65名公务员组队参加比赛，市园林局代表队获得团体总分第一名。

【9月】为贯彻国家语委新颁布的《普通话水平测试大纲》，

市语委办组织专家重新编写了测试辅导教材《普通话水平测试指导用书(北京版)》,由商务印书馆出版发行。

【10月至12月】市语委办举办语言文字规范化示范校评选活动。评选工作以《教育部、国家语委关于开展语言文字规范化示范校创建活动的意见》为指导,以学校为单位,分学校自评申报、区县初评、市语委专家组评审3个阶段。此次评选,共有115所学校申报,其中23所中小学被评为首批北京市语言文字规范化示范校。

【本年度】全年共15338人次参加普通话水平测试。

2006年

【3月20日】市教委、市语委印发《关于加强高等院校语言文字规范化建设的通知》,对高等院校普及普通话和用字规范化提出了明确目标和具体要求。

【3月至11月】市语委依据《北京市党政机关语言文字工作达标单位评估标准》和《北京市公共服务行业语言文字工作达标单位评估标准》,对党政机关、公共服务行业的14个单位进行了评估检查,经评估组评审,认定这14个单位为第三批北京市语言文字规范化达标单位。

【4月28日】市语委召开年度工作会议。会议听取了题为《以科学发展观为指导,推动我市语言文字工作再上新台阶》的工作报告,总结了"十五"期间北京市语言文字工作的成绩与经验,分析了语言文字工作面临的形势与任务,部署了2006年语言文字工作,并向社会用字监督员颁发了聘书。市

语委委员、区县教委主管领导及语委办主任 80 余人参加了会议。

【5月11日至12日】市语委、市人事局联合举办公务员语言文字法规标准知识培训班。来自全市各机关单位的 60 余名干部听取了市人事局、市语委专题讲座，学习了《国家通用语言文字法》《现代汉语通用字表》《简化字总表》《第一批异体字整理表》《普通话异读词审音表》等法规标准。

【5月19日】市教委、市语委召开高校语言文字工作会议。会议学习了国家语言文字法律法规知识，部署了"十一五"期间高校语言文字工作和年度工作任务。来自 59 所高校的 80 余人参加了会议。

【5月至9月】市语委办举办外来务工人员普通话培训。培训面向公共服务行业，采用专题讲座形式，讲解普通话知识和语音训练等课程。来自 60 个单位的外来务工人员 500 余人参加了学习。

【5月至11月】市语委办完成第二批语言文字规范化示范校评选工作。经学校申报、区县初审和市语委评估，28 所中小学、幼儿园被认定为北京市语言文字规范化示范校。

【6月17日】市语委办举办高校语言文字工作干部培训班，采用专题讲座形式，安排了《语言文字工作面临的形势与挑战》等学习专题。70 余人参加了培训。

【7月】市语委办组织全国推广普通话形象大使北京赛区选拔赛，共有 58 名选手报名参加比赛，经过激烈角逐，15 名选手获得了"北京市推广普通话形象大使"称号，他们中的 3

名选手被推荐代表北京参加全国比赛。

【8月】市语委办举办首期社会用字监督员培训班。培训班以"优化语言文字环境"为主题，解读国家语言文字法律法规，介绍语言文字规范知识，明确监督检查内容。

【本年度】全年共22369人通过普通话水平测试。

2007年

【3月】市语委印发《关于表彰2006年北京市语言文字工作先进集体、先进个人和优秀测试员的决定》。北京市第五中学等63个单位被评为语言文字工作先进集体，216人被评为语言文字工作先进个人，34人被评为普通话水平测试优秀测试员。

【4月13日】市语委年度工作会议召开。副市长、市语委主任赵凤桐到会并讲话。市教委、市语委副主任罗洁做工作总结报告。报告回顾了2006年语言文字工作成绩，部署了2007年工作任务。西城、朝阳、密云、延庆四个区县语委介绍工作经验。市语委成员单位负责人、各区县教委主管领导和部分街道干部、测试员及监督员代表等150余人参加了会议。

【5月17日至18日】市语委办在平谷区举办了"公务员语言文字法律法规知识培训班"，培训《国家通用语言文字法》及相关知识。

【5月至11月】市语委办开展语言文字规范化示范校评估工作，经过学校自评申报、区县初评、市语委组织专家组评

估认定，31 所中小学、幼儿园被认定为第三批北京市语言文字规范化示范校。

【6月】市教委、市语委在我市 12 所高校中开展了大学生语文应用能力及学习态度的调研工作，共组织 1200 名学生参加了问卷调查。

【6月至9月】市、区县语委办面向外来务工人员开展普通话培训测试，来自各行各业的 1000 名外来务工人员参加了免费培训和测试，并取得普通话水平等级证书。普通话水平的提高，为他们在京工作、学习和生活提供了便利。

【7月】市教委、市语委印发《关于推荐首批国家级语言文字规范化示范校的通知》，要求各区县和有关高校严格按照教育部、国家语委文件精神和北京市语委制定的评估标准，认真做好我市首批国家级语言文字规范化示范校的申报工作。经报教育部、国家语委审核，认定我市 12 所学校为首批国家级语言文字规范化示范校。

【8月】为迎接第十届全国推广普通话宣传周，市语委、市人事局联合举办第三届公务员普通话竞赛，18 个市属委办局组队参加竞赛。市公安局、市城市管理综合行政执法局、市工商行政管理局、市委宣传部、市园林绿化局、市市政管理委员会获得团体总分前六名。市委政法委等 12 个单位获得优秀组织奖。

【8月】"中华诗文诵读"活动在城八区开展。经过选拔，3 名中小学生代表北京市参加中央电视台"我爱诵读"活动的节目录制。

【8月6日至9月2日】市语委、北京人民广播电台联合举办第三届市民语言文字知识竞赛活动。与电台播出同步，《北京广播电视报》、北京语言文字网登载竞赛试题，广大市民踊跃参加，对营造首都文明规范的语言环境、大力推广普通话表现出极大热情。参与答题的市民均获得纪念奖，其中100人获得优秀奖。

【9月9日至15日】市语委组织第十届全国推广普通话宣传周活动。结合北京奥运会对语言环境的要求，围绕"构建和谐语言生活，弘扬中华优秀文化"宣传主题，全市开展了一系列宣传活动，如市民语言文字知识竞赛、外来务工人员普通话免费培训测试、公务员普通话竞赛等。北京电视台全天滚动播出推普公益广告，北京人民广播电台《普通话沙龙》栏目播出推普专题节目。各区县还在社区开展了文艺表演、推普展览、知识竞赛及模拟普通话水平测试等丰富多彩的活动。9月15日，全市18个区县语委在本地区繁华地段设立咨询站，面向社会开展宣传咨询活动，向过往群众发放宣传材料10万余份。

【10月下旬至12月上旬】市语委评估党政机关和公共服务行业，认定23个单位为第四批北京市语言文字规范化达标单位。评估工作紧紧围绕"以评促改，以评促建"的主旨和"重在建设，重在过程，重在实效"的指导原则，精心组织实施。

【本年度】全年共24005人通过普通话水平测试。截至2007年年底，本市累计达26.5万余人次参加了普通话水平测试。

2008 年

【2月12日】市语委增补中国传媒大学、北京语言大学、北京教育学院、北京广播电视大学为成员单位。

【2月】市语委印发《关于表彰2007年北京市语言文字工作先进集体、先进个人的决定》。81个单位被评为语言文字工作先进集体、249名同志被评为语言文字工作先进个人。

【3月20日】首都精神文明办、市2008环境建设办、市教委、市语委、市外办五部门联合发出《关于奥运会前清理不规范警示用语的通知》。根据《通知》要求，4月至5月，组织力量对街道、公共场所特别是与奥运会直接相关的地区、街道、站台、场馆等处的不规范警示用语进行清理。对发现的不规范警示用语要求有关单位予以撤换、更新。各区县、各部门共同行动，形成了为奥运会营造和谐的人文环境的氛围。

【3月24日】市语委专家委员会第一届第一次会议召开，由14位专家组成的市语委专家委员会正式成立。会议审议通过了《北京市语委专家委员会章程》，明确了专家委员会的职责任务。

【4月13日】市语委办召开普通话水平测试员培训会，来自18个区县、有关高校和行业系统测试工作站的150名测试员参加了会议。教育部语信司司长李宇明教授做《中国语言规划的若干问题》专题报告。有关专家就正确把握普通话水平测试评分标准做辅导讲座。

【4月30日】市语委召开2008年工作会议。副市长、市语

委主任赵凤桐出席会议并发表题为《构建和谐语言生活，提升首都文化软实力，为奥运会的举办营造良好的语言文化环境》的讲话。市语委副主任罗洁做工作报告。会议总结回顾了2007年语言文字工作所取得的成绩，部署了2008年的工作任务。市领导向市语委专家委员会成员颁发了聘书，向语言文字工作先进集体和先进个人颁发了奖牌和证书。市语委成员单位负责人、各区县教委主管领导和部分街道干部、测试员及监督员代表等120余人参加了会议。

【4月至10月】中宣部、中央文明办、教育部、民政部、文化部、国家语委联合发起了以春节、清明、端午和中秋四个传统节日为主题的2008"中华赞·诗词歌赋创作"征集活动，我市参选作品有8篇获奖，其中2篇获二等奖、6篇获优秀奖。海淀区语委办荣获组织奖。

【5月7日至8日】市语委办举办社会用字监督员培训会，邀请专家做辅导报告，结合语言文字应用中经常出现的问题，讲解语言文字的有关政策法规和规范标准知识。

【5月19日】教育部副部长、国家语委主任赵沁平率领国家语委领导及专家一行14人，在市语委副主任罗洁的陪同下，对北京市部分奥运场馆语言文字环境进行检查，考察了2008年北京奥运工程展示中心、国家游泳中心、国家体育馆的语言文字环境，并与奥组委有关负责同志进行了座谈，交换了意见。

【5月28日至29日】市语委会同市人事局举办了公务员语言文字政策法规、规范标准培训会。市语委办领导和专家

做辅导报告。来自17个市属委办局的40余名干部参加了培训。

【5月至10月】市语委举办了北京市教育系统中华经典诵读活动。活动以为北京奥运会营造良好语言文字环境、激发广大青少年爱国热情为目标,通过主题班会、朗诵比赛、征文、文艺表演、校刊校报、校园广播、网络等多种途径吸引广大师生及家长参与其中。在基层开展活动的基础上,10月25日在市教委举行了决赛。来自18个区县和9所高校的58个个人诵读节目和4个集体诵读节目参加决赛。年龄最小的8岁,还有来华学习的马来西亚、沙特阿拉伯、哈萨克斯坦、苏丹、蒙古、越南等国的留学生代表。经过角逐,产生出一等奖3名、二等奖6名、三等奖10名、特别奖2名和纪念奖41名,14个单位获评优秀组织奖。

【6月12日】市语委办召开高校语言文字工作会。60余所高校的语言文字工作负责人及相关干部参加会议。教育部语用司司长王登峰教授做《中华文明的传承与高校使命》专题报告。市语委办对开展高校校园语言文字环境检查工作进行了部署。有关专家就我国通用语言文字法规政策和规范标准的知识对与会人员进行了辅导。

【6月12日】市语委办印发《社会用字义务监督员工作管理办法》。

【6月至11月】市语委开展了对高等学校校园环境用字情况的检查。检查范围包括学校校园公共场所的宣传橱窗、宣传标语、指示牌、路名牌、校名牌、通知栏、图书馆、电子

屏幕以及食堂、商店等服务设施的牌匾用字情况和高等学校奥运场馆的用字情况。在各校自查的基础上，市、区县语委办于11月组织社会用字监督员对42所高校进行抽查。大部分学校校园环境用字基本规范。此次检查促进了高校语言文字环境进一步规范，也为营造"人文奥运"环境起到了推动作用。

【7月6日】为营造迎奥运良好的语言文字环境，市语委办组织专家编印了《北京市民迎奥运语言文字知识百题》并举行赠书仪式。著名语文专家、北京大学苏培成教授评介了《北京市民迎奥运语言文字知识百题》。市语委副主任罗洁致辞。各区县语委办负责人、高校师生、中小学师生以及市民代表200余人参加赠书仪式。教师代表、市民代表相继发言，学生代表表演了普通话诵读节目《2008，我们准备好了》《奥运组歌》等。

【7月】市语委在《作文导报》（后改为《语文导报》）开创《语言文字工作专刊》，作为市语委机关报，由市语委办负责业务指导和组稿，与北京语言文字网共同担负我市语言文字工作的宣传职责。

【9月14日至20日】市语委组织了第11届全国推广普通话宣传周活动。本届"推普周"主题是"构建和谐语言生活，营造共有精神家园"。围绕这一主题，各区县、各部门开展了一系列宣传活动，如普通话知识竞赛、文艺表演、推普展览、模拟普通话水平测试等。9月20日上午，全市18个区县语委在本地区繁华地段设立咨询站，面向社会开展宣传咨询活动，并向过往群众发放宣传材料10万余份。

【9月25日】市语委办批复北京语言大学、北京教育科学研究院建立普通话水平测试工作站。

【9月28日】市语委办召开年中工作会,重点部署下一阶段的工作。会议还通报了各区县参加"我与汉语拼音"征文活动和教师语言文字基本功大赛的情况。在这次为纪念《汉语拼音方案》颁布50周年而举办的征文活动中,我市有17篇作品获得奖励,其中一等奖1名、二等奖2名、三等奖5名、纪念奖9名,西城区语委办、房山区语委办获得最佳组织奖,海淀区语委办、朝阳区酒仙桥中心小学获得优秀组织奖。我市在第三届"全国教师语言文字基本功大赛"中获得好成绩,641名教师分获基本功大赛一、二、三等奖,435名教师分获优秀论文一、二、三等奖,6个单位获得优秀组织奖。

【9月至12月】市语委开展语言文字规范化示范校评估工作,经过学校自评申报、区县初评、市语委专家组评估,认定31所中小学、幼儿园为第四批北京市语言文字规范化示范校。同期,市语委对党政机关和公共服务行业25个单位进行了评估检查,在各单位自评申报的基础上,经专家组评审,认定25个单位为第五批北京市语言文字规范化达标单位。

【11月10日至11日】全国语言文字标准化工作会议在京召开。北京市语委办主任贺宏志做题为《认真贯彻落实〈国家通用语言文字法〉,依法推进语言文字标准化规范化建设》的大会发言。

【11月13日至14日】教育部语用司调研组会同市语委办在我市进行了网络语言、外语词、字母词使用情况调研活动。

调研组先后实地考察了北师大附属实验中学、西城区师范附小、延庆县第八中学、延庆县第二小学和首都师范大学,在每所学校都与师生进行了座谈,发放回收学生问卷1700份、教师问卷450份、家长问卷700份。调研组在首都师范大学召开了专家座谈会。首都师范大学副校长周建设教授、中国社科院民族学与人类学研究所周庆生研究员等10位语言文字专家参加了座谈会。专家们从各自的角度谈了自己对网络语言、外语词、字母词等社会语言现象的看法。这些意见为有关部门研究制定相关政策提供了参考。语用司司长王登峰到会听取专家意见。

【本年度】全年共25756人次参加普通话水平测试。

2009年

【1月】市语委发文表彰2008年度语言文字工作先进集体66个和先进个人228名。

【1月】教育部在10省市开展外文使用情况调研,市语委办主持北京地区的调研工作。为确保调研工作质量,市语委办从北京语言大学、首都师范大学等单位选派31人组成调查员队伍并根据教育部《外文使用情况调查手册》要求对调查员进行培训。调研活动通过召开座谈会、访谈、实地调查和问卷调查方式了解外文使用情况。全市参与调查的单位115个。调查工作为期4天,圆满完成了任务。

【2月16日】市语委增补市高级人民法院、市人民检察院、市政府办公厅为成员单位。

【2月18日至19日】市语委办召开2009年工作会议。会议提出"紧扣一条主线,着力推进三类工作,切实做好五个结合"的工作思路。市语委副主任曹秀云出席并讲话。

【3月11日】市语委办召开市语委委员单位联络员会,市相关委办局21名联络员参加会议,市语委副主任曹秀云出席并讲话。

【3月至8月】市语委办组织专家编写《北京市民迎国庆语言文字知识读本》。在经历两轮审稿、修订的基础上,8月定稿。该读本在2009年全国推广普通话宣传周期间作为宣传品被发放给学校师生和参与活动的市民群众,深受大家的喜爱和欢迎。

【4月9日】市语委2009年工作会议在市政府召开。副市长、市语委主任黄卫出席会议并讲话。教育部语用司司长王登峰应邀出席会议并讲话。市工商行政管理局、北京人民广播电台、朝阳区政府、房山区政府的代表做大会交流发言。会议要求坚持以科学发展观为指导,增强大局意识和服务意识,求真务实,扎实工作,努力开创语言文字工作的新局面,为建设"人文北京"做出更大贡献。市语委组成部门负责人及市语委委员单位联络员共120余人参加会议。

【5月19日】北京市语言文字测试中心成立揭牌仪式暨2009年度测试工作会议在首都师范大学学术报告厅举行。市编办批复,北京市语言文字测试中心挂靠首都师范大学,为全额拨款正处级事业单位,编制8人,下设综合部、测试部、科研部。市语委决定,该中心主任由市语委办主任兼任。中

心成立了专家委员会,第一届专家委员会由9人组成。市语委办主任、市语言文字测试中心主任贺宏志主持工作会议。首都师范大学分中心、北京人民广播电台分中心、西城区分中心、延庆县分中心在会上做交流发言。

【5月23日】"中华诵·2009经典诵读晚会(端午篇)"在北京举行。晚会由教育部等九部委共同主办,由教育部语用司、北京市语委、中国教育电视台承办,中国传媒大学协办。著名朗诵表演艺术家曹灿、徐涛等参加现场演出。

【5月】市教委、市语委开展高等学校汉语文教学情况及学生语文应用能力专题调研。调研采取问卷形式,分教师问卷和学生问卷两类,选取师范类、外语类、综合类、理工类及高职高专类共13所院校参与。

【5月下旬】应西藏自治区语委邀请,市语委办委派首都师范大学国家级普通话水平测试员两位教师赴拉萨援助西藏自治区普通话水平测试员资格考核培训工作。

【6月】8日至10日,23日至28日,市语委副主任曹秀云率考察组相继赴湖南省语委普通话培训测试中心和新疆维吾尔自治区民族语言文字工作委员会进行交流学习。

【7月16日】市语委办完成首届全国大中小学生规范汉字书写大赛北京赛区作品评审工作。评审委员会从全市40余家参赛单位选送的1442份作品中,按各年龄组分硬笔、软笔分别评审。最终评选出北京市特等奖3名、一等奖22名、二等奖52名、三等奖160名,其余获得优秀奖。市语委办选送其中93份获奖作品参加全国决赛。在10月24日至25日举行的

决赛中，北京赛区有 3 名选手获特等奖，9 名选手获一等奖。市语委办获评全国最佳组织单位，17 个单位获评北京市优秀组织单位。

【9月1日】市政府副秘书长鲁勇在市政府会议室主持召开我市第 12 届全国推广普通话宣传周及集中宣传日活动协调会。市相关 12 个部门负责人参加会议。会议对做好本届"推普周"工作提出了明确要求，希望各相关部门积极配合、大力支持，确保各项活动顺利开展，确保安全工作万无一失。

【9月8日】市语委办召开年中工作会。主要内容是布置我市第 12 届全国推广普通话宣传周工作，通报可口可乐北京公司协办本届"推普周"活动的情况，发放"推普周"宣传材料。市语委副主任曹秀云、可口可乐北京公司副总经理吴春明出席会议。

【9月13日至19日】市语委在全国推广普通话宣传周期间，与北京日报社联合组织开展"可口可乐·原叶杯"北京市民迎国庆语言文字知识竞赛。活动受到社会的广泛关注，广大市民踊跃参与，数十万市民参加答题，其中有 205 名参赛者喜获特等奖和一、二、三等奖。本届"推普周"活动在三个方面进行了积极有效的探索：一是由市政府办公厅协调政府相关部门共同参与；二是知名企业以赞助方式参与；三是联合媒体参与扩大了宣传覆盖面。

【9月14日】教育部、国家语委在南京师范大学主办"国家级语言文字规范化示范校校长论坛"。北京市语委办向论坛推荐提交了四篇经验交流论文，分别来自东城区史家胡同小

学、延庆县第一小学、顺义区石园小学、北京十一中学。

【9月19日】市语委举办第12届全国推广普通话宣传周集中宣传日活动。主题是"热爱祖国语言文字，构建和谐语言生活"。活动以主会场与分会场相结合方式进行。教育部语用司副司长张世平视察了东城区分会场和石景山区分会场。全市各区县语委通过开展诗文朗诵、歌咏、有奖知识问答等形式，扩大社会参与面，提升宣传效果。全市共发放《北京市民迎国庆语言文字知识读本》2万册、各类宣传品10万余份。

【9月28日至29日】市语言文字测试中心举办2009年度北京市普通话水平测试员骨干培训班。培训班邀请国家语委领导和语言文字专家授课。经过培训，156人取得骨干测试员上岗聘书，成为我市普通话水平测试工作首批骨干测试员。

【10月28日至11月7日】市语言文字测试中心在首都师范大学举办第九期北京市级普通话水平测试员资格考核培训班。培训班邀请专家讲授普通话测试理论与实践课。通过普通话水平测试、汉语拼音测验、管理文件测验、综合能力测验4门课程考核，65名学员中有58人取得北京市普通话水平测试员资格证书。

【10月】市语委组织专业人员参加全市各区县全面实施素质教育情况督导评估工作，标志着语言文字工作纳入教育综合督导工作体系。本次全面实施素质教育综合督导评估涉及语言文字工作的有13项内容，包括语言文字工作发展规划和年度计划的制订、语言文字工作机构和人员队伍建设、语言文字工作的特色优势和实效等方面。督导工作人员通过听取

自评报告、查阅档案资料以及走访座谈等形式开展督导检查并提出评价意见。

【11月24日】改版后的北京语言文字网参加国家语委举办的全国语言文字工作网站评比活动,获得第三名。年初,市语委办对北京语言文字网进行升级改版,研发"语言文字法律法规、规范标准知识和语言文化常识在线测试系统",任何终端用户都可以参与测试并获得评价。该系统为全国语言文字工作领域首创,对于宣传国家语言文字法规政策和规范标准、传播语言文化知识大有作用。

【11月】根据国家语委"中华诵·2009经典诵读大赛"活动的总体安排,市语委办组织专家对有关区县和高校通过基层遴选报送的诵读节目进行评审,最后选定11个节目上传国家语委参加全国总决赛。国家语委授予北京市语委办"中华诵·2009经典诵读大赛"优秀组织奖。

【12月6日】国家语委于10月批准北京市语委办开展汉字应用水平测试试点。经认真筹备、积极动员,市语言文字测试中心首次举办汉字应用水平测试。2259名考生报名参加本次测试。测试在北京师范大学、首都师范大学、北京语言大学、北京联合大学四个考点进行。

【12月11日至14日】"雅言华章,和谐中华——新中国语言文字工作60年成就展"在北京国家会议中心举行。展览由国家语委主办、北京市语委协办、北京科技教育促进会承办。展览以图文并茂、历史实物与现场演示相结合的方式,展示国家语言文字工作60年走过的道路和取得的成绩。展览现场

还设计了互动环节,参观者可以参加普通话水平测试、朗诵艺术水平测试、汉字应用水平测试、汉语口语水平测试模拟活动,以了解自己的语言文字应用水平。

【12月12日】"雅言传承文明,经典浸润人生"经典诵读活动在"新中国语言文字工作60年成就展"现场举行。诵读活动由市语委主办、北京科技教育促进会承办。来自部分高校、中小学、幼儿园及少年宫的15个节目参加表演。诵读节目内容为中外名家经典诗文。

【本年度】市语委完成2009年语言文字工作规范化达标单位检查评估。经评估组评审,市语委批准,认定18个单位为第六批北京市语言文字规范化达标单位。完成第五批市级语言文字规范化示范校检查评估。市语委领导先后视察了密云县青少年宫、密云县南菜园小学、通州区潞河中学、通州区玉桥街道办事处、昌平区图书馆、平谷区审计局、平谷区第四小学的创建工作。经评估,认定27所学校、幼儿园为北京市语言文字规范化示范校。国家语委公布了第二批国家级语言文字规范化示范校名单,我市15所学校入榜。

【本年度】全年共34196人次参加普通话水平测试。

2010年

【1月】市语委办主任、市人大代表贺宏志在市十三届人大三次会议上联合其他10名代表提出《关于发展我市语言产业的议案》,在西城团及小组讨论中发言,并接受了媒体采访。议案建议市政府组织力量开展语言产业研究,制定语言

产业振兴计划和语言产业促进政策，举办中国北京国际语言产业博览会并努力将其打造成世界语言文化交流传播、语言产业贸易展示的品牌盛会。

【1月23日】市语委专家委员会第二次会议暨高校语言文化建设研讨会举行。市语委副主任曹秀云、市语委办主任贺宏志及专家委员会全体委员出席会议。

【2月】为加强我市语言文字测试工作，逐步健全语言文字测试工作体系，以适应国家语言文字工作发展的大局，针对我市实际情况，市语委印发《关于加强区县语言文字测试工作的意见》。

【3月3日至4日】市语委办召开2010年工作会暨市语言文字测试工作会。会议主要布置"十个一"重点工作，与会人员围绕重点工作的开展进行了热烈讨论。市语委副主任曹秀云出席并讲话。

【3月18日】2010年度北京市语言文字工作会议在市政府召开。副市长、市语委主任黄卫，教育部语用司司长王登峰出席并讲话。市公园管理中心、西城区政府、昌平区政府交流了工作经验。会议向15所第二批国家级语言文字规范化示范校颁授标牌，表彰了2009年度北京市语言文字工作10个优秀集体和23名优秀个人、52个先进集体和189名先进个人，授予西城区、海淀区、房山区、平谷区、密云县五个区县语委"2009年语言文字工作督导评估优秀区县"奖牌。会议强调，语言文字工作对传承历史、促进发展、创造未来发挥着重要作用，要求语言文字工作围绕"人文北京"建设深入推进；要

加强语言文字规范化工作,不断优化首都语言文字环境;要立足转变经济发展方式,积极推动语言产业的壮大;要加强语言文字应用能力的建设,为培养高素质的人才打好基础;要加强领导,为语言文字工作提供有力保障。市语委50个成员单位负责人及委员单位联络员参加了会议。

【4月20日】市语委副主任曹秀云一行10人赴天津市语言文字培训测试中心考察交流。

【4月】市语委办发文建议我市高等、中等职业学校积极开展国家职业汉语能力测试,由市语言文字测试中心和北京科技教育促进会具体负责组织实施。

【4月至6月】为促进我市高校学生国家通用语言文字应用能力的提高,加强高校语言文化建设和国家通用语言文字规范意识的培养,并积极推进计算机辅助普通话水平测试的普及,市教委、市语委连续发文,要求属地高校积极组建语言文字测试机构并实施计算机辅助测试,动员学生参加普通话水平测试和汉字应用水平测试。

【5月11日至14日】市语委副主任曹秀云一行8人赴安徽省普通话培训测试中心和科大讯飞公司考察交流。

【5月】北京高校在第三届全国高校学生语言文字基本功大赛中取得良好成绩,有617名同学分获一、二、三等奖。北京师范大学、首都师范大学、北京电子科技学院获颁组织奖。

【5月至12月】市语委组织开展"中华诵·2010经典诵读大赛"。有关区县和高校通过基层遴选出72个个人节目和20

个集体节目参加市级评选，经专家评审，推荐9个个人节目和3个集体节目上报国家语委参加全国"中华诵·2010经典诵读大赛"网络预赛。经为期一个月的网络投票和专家评审，我市多个节目进入全国总决赛并获奖。市语委办获"中华诵·经典诵读行动"2010年度"最佳组织奖"。

【6月17日至18日】第11届国际母语日活动在内蒙古自治区呼伦贝尔市举办，本届活动主题为"保护母语，传承文明"。市语委副主任曹秀云一行20人参加了本届活动。

【7月12日】市语委办召开汉语口语水平测试工作研讨会。六所院校的留学生教育管理部门、朝阳区语委办和天津市语言文字培训测试中心负责人参加会议。市语委副主任曹秀云出席会议并讲话。

【7月16日至18日】以教育部语用所所长、国家语委测试中心主任姚喜双任调研指导，安徽省普通话培训测试中心副主任单明为组长的全国普通话培训测试现状调研第八调研组在京进行调研。市语委副主任曹秀云在汇报会上致欢迎词。调研组听取了北京市测试工作开展15年以来的全面汇报，并在北京师范大学和朝阳区语言文字测试分中心进行了现场考察。调研组还分别召开了测试员座谈会和测试管理人员座谈会，并对与会人员进行了问卷调查。调研组在反馈意见中对北京市语言文字培训测试工作的发展给予了充分肯定和高度评价，同时也提出了中肯的意见和建议。

【7月23日】市教委、市语委转发教育部、国家语委《关于在学校开展"中华诵·经典诵读行动"试点工作的通知》，就

我市开展"中华诵·经典诵读行动"试点工作提出要求，并确定昌平区为试点区。试点工作将探索适合不同类型学校和不同学段特点的诵读方式方法，总结和探索一套经典诵读教育经验，为在全市范围内推进诵读教育提供必要的理论和实践支持。

【8月10日】市语委举行第二届全国大中小学生规范汉字书写大赛作品评审会。评选出北京赛区特等奖7个、一等奖30个、二等奖55个、三等奖89个、外国留学生特别奖8个。市语委办将北京赛区特等奖、一等奖、二等奖及留学生特别奖共计100幅作品送至国家语委参与全国比赛。在全国评审中，北京赛区选手获得优良成绩，获全国特等奖2名、特等奖提名及一等奖11名、二等奖26名、三等奖19名、优胜奖16名、最佳指导教师2名、优秀指导教师8名。

【8月21日至29日】市语言文字测试中心举办第十期（高校第一期）北京市级普通话水平测试员资格考核培训班。本期培训班86名学员分别来自15所高校和朝阳区20余所中小学及教研单位。课程内容包括北京市普通话水平测试工作管理规定解读、《普通话水平测试大纲》评分标准解析、计算机辅助普通话水平测试讲解、普通话水平测试内容系统解析、汉字应用水平测试介绍、测试实例讲解、测试能力单项及综合训练共十余个学习板块。课程理论与实践结合，兼顾知识的点与面。培训教师团队阵容强大，业务精熟，保障了培训的优质高效。通过严格考核，77名学员获得北京市普通话水平测试员资格。培训班的普通话水平测试是我市首次正式实施

集体规模的计算机辅助测试。

【8月22日至27日】受市语委办委派,来自东城区的三名中小学生作为"首届全国大中小学生规范汉字书写大赛"北京赛区的获奖者,参加了我国青少年赴日本书法文化交流活动。

【9月2日至3日】市语委办召开年中工作会。主要内容是传达全国教育工作会议、中国语言战略论坛等会议精神,布置下一阶段的重点工作。

【9月18日】第13届全国推广普通话宣传周在昌平区闭幕。这次活动既是全国"推普周"的闭幕式,同时也是昌平区"中华诵·经典诵读行动"启动仪式。国家语委、北京市语委、昌平区政府等有关单位负责人参加闭幕式暨启动仪式。昌平区师生代表宣读"中华诵·经典诵读行动"倡议书。与会领导向昌平区师生代表赠送《中华经典诗文诵读读本》。回龙观社区居民"风雅诗社"会员代表、昌平实验二小、昌平五中师生表演了经典诵读节目。

【9月28日】北京语言产业研究中心成立仪式在首都师范大学举行。该中心系国内首家语言产业研究机构,由北京市语委批复成立,成为市语委首个研究基地。中心将围绕语言产业研究方向,整合校内外相关研究资源,寻求产、学、研的结合,建立一个有特色的应用性研究平台,研究和推动北京语言产业发展。

【9月】《北京市中小学师生语言文化知识读本》被发放给全市140所国家级、市级语言文字规范化示范校。读本由市

语委办组织编写，内容涉及语言文字法律法规、语言文字规范标准、语言文字应用常识等。该读本被指定为"北京市语言文字规范化示范校语言文化知识竞赛"的参赛读物。

【10月28日】市语委办主任、市人大代表贺宏志应邀出席北京市精神文明建设规划座谈会，就语言文字工作与精神文明建设的关系、将语言文化建设的有关内容纳入精神文明建设规划等问题，提出了意见和建议。

【11月26日】市语言文字测试中心召开测试管理人员信息化工作培训会。会议用"五个推进"总结2010年的语言文字测试工作。一是推进测试范围、测试领域和测试空间的拓展，形成以普通话水平测试为主体，汉字应用水平测试、汉语口语水平测试、职业汉语能力测试等为补充的测试工作格局。二是推进包括机辅测试和测试管理信息系统在内的测试信息化进程。三是推进测试工作体系的发展，高校语言文字测试工作得以拓展。四是推进测试科研工作并取得初步成果。完成普通话水平测试指导教材的修订工作。五是推进测试工作队伍建设。测试员和骨干测试员队伍进一步壮大。会议宣读市语委办批复中央民族大学、中央财经大学、北京青年政治学院、北京电子科技职业学院、北京高校毕业生就业指导中心5个单位成立语言文字测试分中心的通知，与会领导向5个新建语言文字测试分中心授牌。科大讯飞公司技术人员讲解机辅测试系统及测试管理信息系统，学员上机进行实际操作训练。来自35个单位的100余人参加了会议。

【12月9日】国家语委"十二五"科研工作研讨会在京召

开。市语委办主任贺宏志以"实施一体两翼战略,促进语言文字工作科学发展"为题做大会交流发言。

【12月12日】北京市语言文字规范化示范校语言文化知识竞赛半决赛在北京语言大学隆重举行,全市16个区县和北京西藏中学、通州区潞河中学新疆班共18支代表队参赛。经竞赛评委团现场打分、评审和点评,9支代表队脱颖而出,晋级决赛。

【12月17日】我市首场汉语口语水平测试在北京联合大学举行。来自韩国、秘鲁、俄罗斯等12个国家和地区的32名留学生参加测试。汉语口语水平测试(HKC)是教育部、国家语委为构建全方位、立体化的汉语言文字水平测试体系,满足国际汉语学习交流的需要而设立的。测试是针对母语非汉语人群、华人华裔实施的一项语言类标准化水平测试,为评价和检验他们的汉语口语水平提供客观测试标准。

【12月26日】汉字应用水平测试在8个考点举行,分别为北京师范大学、北京语言大学、首都师范大学、北京联合大学师范学院、北京青年政治学院、石景山区、房山区、平谷区。3500余人报名参加测试。

【12月】市语委办主任贺宏志博士应邀做客中国教育在线,接受主持人访谈,畅叙职业汉语能力测试的意义和宣传发展语言产业。

【12月】市语言文字测试中心组编、市语委办审定的《普通话水平测试应试指南》由首都师范大学出版社出版发行。《应试指南》是在2005年版《普通话水平测试指导用书(北京

版)》的基础上，根据使用实践，征求专家和读者意见，组织专门力量修订而成的，旨在使测试辅导教材更具针对性和实用性。

【本年度】全年共34819人次参加普通话水平测试。

2011年

【1月9日】北京市语言文字规范化示范校语言文化知识竞赛总决赛在首都经济贸易大学举行。教育部副部长、国家语委主任李卫红出席并致辞。此次比赛历时半年，竞赛内容分为知识问答和"诵、写、讲"才艺展示两个部分。比赛面向全市国家级、市级语言文字规范化示范校。通过区县初赛、半决赛选拔，9个队进入总决赛。最后，石景山区代表队获得冠军，海淀区、通州区代表队获得亚军，朝阳区、丰台区、昌平区、怀柔区代表队获得季军，西藏中学和潞河中学新疆班代表队获得特别奖。中国教育电视台对活动实况进行了录制，并定于2月19日、3月5日在三频道播出。活动的举办体现了三个结合：语言文字工作与学校教育、文化建设的有机结合，提高语言文字应用能力与全面实施素质教育的有机结合，推广国家通用语言文字与弘扬中华优秀文化传统的有机结合。活动的举办也是对我市语言文字规范化示范校创建工作成果的一次展示和检阅。

【1月15日】应天津市语言文字培训测试中心2010年度工作总结会暨"十二五"工作规划研讨会邀请，市语委办及市语言文字测试中心主任贺宏志博士做了题为《发展语言产业，

繁荣语言文化》的专题报告，报告结合北京市语委"一体两翼"战略，重点阐述了语言产业内涵、发达国家语言产业发展情况、我国语言产业现状以及发展语言产业和加强语言文化建设与提高国家文化实力的关系。

【1月16日至21日】市十三届人大四次会议召开。市人大代表、市语委办主任贺宏志提交了题为"加强语言文化建设，促进语言产业发展"的代表建议，指出语言文化建设是文化建设的重要内容，文化的繁荣发展离不开语言文化的繁荣发展，发达的语言文化是世界城市的重要内涵，北京应积极打造"语言文化之都"，"加强语言文化建设，繁荣语言文化事业"是政府的责任。

【1月25日至26日】市语委办召开2011年工作会议。市语委副主任曹秀云出席并讲话。会议总结了北京市语言文字工作近三年来的10项开拓性成果。东城区、石景山区、通州区、昌平区语委办做典型交流发言。会议还对2010年的六项专项工作分区县逐一点评并给予了奖励。

【3月21日】市语委印发《关于加强区县语委宣传工作的意见》。文件从加强认识、把握形势、落实任务、注重手段、考核评比、组织领导等方面，对加强区县语言文字宣传工作提出明确要求和任务部署。

【3月30日】市语言文字测试中心召开2011年工作会议。市语委和市语委办领导、33个语言文字测试分中心负责人和工作人员70余人参加会议。会议就语言文字测试信息工作和第五届全国普通话培训测试学术研讨会论文征集工作做出了

安排。石景山区、房山区、延庆县、北京师范大学、北京青年政治学院语言文字测试分中心做了重点发言。

【3月】国家语委测试中心通报表彰全国普通话培训测试工作先进集体和先进个人。我市3个单位和6名个人荣获表彰：北京师范大学、平谷区、延庆县语言文字测试分中心获评"全国普通话培训测试工作先进集体"；市语委办杜琪方、房山区语委办马亚森获评"全国普通话培训测试工作先进个人"；周海兵、范燕生、毛文祥、汪大昌获评"全国优秀普通话水平测试员"。

【3月】由市语言文字测试中心组编、市语委办审定的《北京市语言文字培训测试研究文集》由首都师范大学出版社出版发行。

【5月11日】市语委召开2011年度语言文字工作会议。教育部副部长、国家语委主任李卫红，北京市副市长、市语委主任洪峰出席会议并讲话。市教委主任姜沛民同志传达刘延东国务委员在纪念《国家通用语言文字法》颁布10周年座谈会上的讲话精神，市语委副主任曹秀云做2010年语言文字工作总结和2011年主要工作安排的报告。石景山区政府、市高级法院做交流发言。会议宣读了2010年度中华诵活动奖励名单并为获奖单位颁奖。与会领导为市语委第二届专家委员会13名顾问和委员颁发聘书。副市长、市语委主任洪峰强调提出：要认识到位，给力支持；要宣传引导，拓展空间；要科研引领，丰富内涵。国家语委、市政府有关领导，市语委委员单位负责人及联络员100余人参加了会议。

【5月13日】第12届国际母语日纪念活动在昆明举行。活动主题为"多元文化,和谐中华"。市语委副主任曹秀云一行7人参加了本次活动。

【5月21日】语言经济及语言服务学术讨论会在北京语言大学举行。与会学者围绕语言经济、语言服务、语言产业等问题展开了热烈的讨论。贺宏志博士应邀与会并做了题为"关于语言产业内涵及其边界的初步思考"的发言。

【5月21日】我市首次计算机辅助普通话水平测试在北京青年政治学院顺利举行,近200名考生参加了测试。首次"机测",反响热烈,受到考生普遍欢迎。

【5月27日】中国语言资源有声数据库建设北京启动仪式和北京语言文化建设研究中心成立揭牌仪式在北京语言大学举行。教育部副部长、国家语委主任李卫红,北京市副市长、市语委主任洪峰出席仪式,为中心成立揭牌并讲话。仪式由市语委副主任曹秀云主持。教育部语信司司长李宇明、北京市教委主任姜沛民分别为中国语言资源有声数据库建设北京项目专家组组长曹志耘教授和北京语言文化建设研究中心主任张维佳教授颁发聘书。市语委办主任贺宏志宣读市语委《关于开展中国语言资源有声数据库北京建库工作的通知》和《关于成立"北京语言文化建设研究中心"的批复》。与会专家围绕"北京语言文化建设"主题进行了研讨。

【5月】第四届全国教师语言文字基本功大赛圆满结束,我市教师取得良好成绩:北京教育学院丰台分院、东城区教师研修中心获得优秀组织奖。东城、西城、朝阳、丰台、石

景山、大兴、昌平、怀柔、顺义、门头沟10个区县共470名个人获得基本功大赛一、二、三等奖，560余篇优秀论文获评一、二、三等奖。

【6月12日至24日】市语委评估检查工作组分两组集中开展了首批市级语言文字规范化示范街道、示范乡镇的创建评估检查工作。工作组由带队领导、语言文字专家、普通话水平测试员和语言文字工作干部组成。工作组实地评估检查了16个街道乡镇机关，包括商场、银行、邮局等在内的共31个公共服务单位，以及16条大街的语言文化环境。同时还抽查了16所国家级规范汉字书写教育特色校申报单位。评估检查程序主要包括听取申报单位工作汇报、查阅相关文件资料、召开小型座谈会和实地考察，针对检查情况进行评分汇总，提出评价意见，并向申报单位反馈。第一，通过评估检查达到了宣传的目的。工作组起到了"宣传队""播种机"的作用，使宣传触角"横向到边、纵向到底"，有效地提高了国家语言文字法律法规、标准规范的社会知晓度，增强了各创建地域和单位的语言文字规范意识。第二，通过评估检查达到了调研的目的。工作组通过评估检查，掌握了我市基层语言文化建设的大量第一手资料，启发我们深入思考语言文化建设的共性、区域语言文化建设及行业语言文化建设的特性，深入思考语言文字工作与文化建设的有机结合。第三，通过评估检查达到了推动的目的。评估检查工作走向基层、深入郊区、渗透山区、覆盖行业，以评促建，重在实效，促进了日常工作，强化了过程指导，形成了长效机制，推动了工作发展。

此次评估检查，市语委认定21个街道、乡镇为首批北京市语言文字规范化示范街道、示范乡镇，认定31个单位为第七批北京市语言文字规范化达标单位。

【6月21日】由教育部、国家语委、中共中央党史研究室主办，北京市教委、北京市语委、中国教育电视台承办的"中华诵·颂歌献给党"红色经典诵读晚会（北京篇）暨教育部"正气歌"廉洁教育大型情景朗诵主题晚会在华北电力大学隆重举行。教育部部长袁贵仁、中共中央党史研究室主任欧阳淞、中共北京市委常委赵凤桐、北京市副市长洪峰等领导同志出席了晚会。晚会内容整合后分别于6月26日、6月30日在中国教育电视台一频道播出。

【6月】《语文建设》编辑部主办的第四届全国大学生语言文字基本功大赛揭晓。我市有22所院校参赛，520人分获一、二、三等奖，北京师范大学教务处、首都师范大学教务处、中国劳动关系学院教务处获得组织单位奖。

【6月】市语委办日前向市语言文字测试中心、各区县语委办、各高等学校印发了《关于免费对高校学生进行普通话水平测试的通知》。经市政府领导批准，自2011年7月1日起，对本市高校在校学生实行免费普通话水平测试，并免费发放证书。测试对象和范围为全日制普通高等学校在校学生（含专科生、本科生、研究生）。免费测试以学校为单位，集体报名，每个学生享受一次免费测试机会。测试工作经费由市财政安排专项。在大学生群体中全面实施普通话水平测试与培训，有利于学校语言文字规范化工作的发展，最终有利于国

民语言文化素养的提升，具有重要的教育意义、文化意义和法治意义。

【7月7日】北京市语言文字测试工作考察团一行23人赴广西师范大学考察学习计算机辅助普通话水平测试工作。宾主双方举行了座谈会并进行了现场考察交流。

【7月15日】市语委举行研讨会，就《北京市实施〈国家中长期语言文字事业改革和发展规划纲要〉的意见（讨论稿）》征求市政府办公厅、市文化局、市外办、首都精神文明建设办等部分委员单位的意见和建议。本次会议是继区县语委办研讨会、专家研讨会之后的第三轮征求意见。

【7月】国家语委科研规划领导小组办公室公布了"十二五"科研规划2011年度项目名单。北京市高校喜获丰收。获批重大项目3项、重点项目5项、一般项目13项、委托项目3项。作为北京市语委科研基地项目，北京语言产业研究中心申报的"语言产业的界定及其在新兴产业结构中的地位分析"、北京语言文化建设研究中心申报的"中国城镇化进程中的语言文字问题及对策研究"均获立项。

【8月31日】市语委办召开年中工作会，市语委副主任曹秀云出席会议并对做好下一阶段工作提出了要求，各区县语委办负责人与会。会议总结了上半年工作，重点通报了示范创建评估检查工作情况和各区县语委办宣传信息报送情况，对下一阶段的工作进行了部署。

【8月】在国家语委语言文字报举办的纪念《国家通用语言文字法》颁布10周年系列活动中，我市有6个单位获得优秀组

织奖，分别是：北京市语委办、房山区语委办、北京教育学院、大兴区教委、顺义区教委、中国传媒大学。

【9月8日】教育部语信司与市语委联合召开北京语言资源有声数据库建设筹备工作会议。会议研究了北京语言资源有声数据库建设总体工作方案、任务分工和近期工作安排。会议议定项目名称为"北京语言资源有声数据库建设"，该数据库为"中国语言资源有声数据库北京库"，由北京语言大学牵头组织相关单位专家具体实施。建设宗旨着重体现北京话作为普通话标准音和基础方言的作用，体现北京地域文化特色。调查整理阶段分为"北京语言资源有声数据库"和"北京语言文化资源信息库"两个课题实施，分别由曹志耘教授和张维佳教授任课题组组长。

【9月17日】第14届全国推广普通话宣传周闭幕式在西藏自治区拉萨市隆重举行。市语委副主任曹秀云、市语委办主任贺宏志应邀作为国家语委观察组成员参加拉萨市一类城市语言文字工作评估，分别指导政府机关评估组、新闻媒体评估组的检查工作，并应邀出席本届"推普周"闭幕式活动。

【9月】市语委办举办"中华诵·2011经典诵读大赛"。共13个区县、5所高校参与选拔，教师组、高校学生组、综合组、留学生组、集体组5个组别共90个节目入围全市评比。经专家评审，选定34个个人节目和5个集体节目参加全国"中华诵·2011经典诵读大赛"网络预赛。

【9月】由教育部语用司主办、中华书局承办的"中华诵·经典诵读行动"之2011全国中小学生作文大赛经过省级奖、

国家奖两轮评审，北京市共有863所学校报送17949篇作品参赛，其中甲组(1～3年级)6646篇、乙组(4～6年级)7239篇、丙组(7～9年级)4064篇。各组分别获得省级一等奖10名、二等奖20名、三等奖30名。省级一、二等奖作品参加全国评选，其中13篇作品荣获全国各等级奖项，东城区黑芝麻胡同小学、北京第一实验小学、延庆三中、东城区崇文小学、昌平五中5所学校荣获优秀组织奖。

【11月10日至11日】教育部语信司在上海外国语大学召开国家语委"十二五"科研工作座谈会，教育部副部长、国家语委主任李卫红出席会议，并为设在上海外国语大学的国家语委首个科研基地"中国外语战略研究中心"揭牌。座谈会上，北京市语委副主任曹秀云做了题为《拓宽视野，融入全局，创新发展首都语言文字科研工作》的典型交流发言。

【11月20日】教育部语用司印发通知，公布2011全国"双推博文"评比活动获奖名单。此次活动共有1020名参赛者获奖，50个基层单位获优秀组织奖。北京市有72名参赛者分获各组别一、二、三等奖项，北京黄埔大学、东城区培新小学、东城区史家胡同小学、顺义区高丽营学校4个单位获优秀组织奖。

【12月5日】市民政局召开政区名称评审工作会议。由市民政局、市规划委、市地方志办公室、市公安局、市语委、市文物局、市文化局、市档案馆、市社科院及中国人民大学共同组成的专家评审组对昌平区政府提交的昌平区东小口地区拟设街道办事处初选名称进行了审议。市语委办针对初选

名称在用字、拼音和规范书写方面提出了建议,并希望在制作路名牌时严格执行国家颁布的语言文字相关规范标准。

【12月11日】汉字应用水平测试试点在京津沪三地同时开考。市语言文字测试中心在北京师范大学、北京语言大学、首都师范大学、北京联合大学师范学院、北京青年政治学院、朝阳区(5个考点)、石景山区、房山区共设12个考点,5575人报名参加测试,考点数、考生数增量明显。

【12月15日至16日】为进一步做好全市计算机辅助普通话水平测试工作,推进普通话水平测试信息化,提高测试管理人员业务水平,市语言文字测试中心举行了普通话水平测试管理人员信息管理系统培训会。来自33个测试分中心的44名管理人员参加了机测管理规定培训、机测考务流程和测试信息管理系统操作培训、针对信息管理系统应用的上机考核。这次培训的举办为即将全面铺开的机测工作奠定了坚实的基础。

【12月24日】作为全国试点之一,市语委在市教育考试院正式启动汉语能力测试试点工作。市语委副主任曹秀云参加了测试。本次测试级别为四、五级,市语委办、市语言文字测试中心、市教育考试院社考办联合组织了200人参加测试。参试者年龄最小12岁,最大62岁;考生学历从初中在校生到博士;考生职业包括公务员、专业技术人员、媒体从业人员、高校教师、大中学在校生等。汉语能力测试是国家语委委托教育部考试中心研制实施的一项涵盖汉语听说读写全方位能力的国家级语言类水平测试,是对以汉语作为生活、

学习、工作基本用语的人群汉语应用能力的综合考评。

【12月】《汉字应用水平测试应试指南》由市语言文字测试中心组编，市语委办审定，由首都师范大学出版社出版发行，免费向我市参加汉字应用水平测试的考生发放。

【12月】根据《教育部办公厅关于开展第三批国家级语言文字规范化示范校申报、认定工作的通知》的部署和要求，市语委认真组织开展了创建、申报工作。通过书面材料审查、实地现场抽查等评审环节，我市7所学校入选第三批国家级语言文字规范化示范校。

【本年度】全年共48278人次参加普通话水平测试。2011年我市首次开展计算机辅助普通话水平测试，共测试6653人。

2012年

【1月6日】市人大代表、市语委办主任贺宏志博士应北京人民广播电台邀请，与主持人玉昆老师共话北京如何发展语言产业，新闻频道直播。

【1月9日至10日】2012年市语委办工作会暨语言文字测试工作会召开。市语委副主任曹秀云出席会议并讲话。市语委办及市语言文字测试中心主任贺宏志传达了十七届六中全会关于语言文字工作的精神，从应用科研工作、创建工作、测试工作、宣传教育工作四个方面总结了2011年工作。东城区、昌平区、石景山区、房山区语委负责同志及北京师范大学、北京华文学院语言文字测试分中心负责同志做交流发言。

与会代表还就基层工作遇到的问题、困惑提出了意见、建议。16个区县语委办和33个测试分中心负责人参加会议。

【1月12日至17日】市十三届人大五次会议召开。市人大代表张维佳教授、贺宏志博士提交题为《建立中华国际语言文化博物馆》的代表建议,指出语言作为一种资源,其价值有待开发,北京有着丰富的语言文化项目研究积累、地域语言资源和世界语言资源,呼吁在北京尽快启动中国国际语言文化博物馆建设工程,并提出了相关创意和设想。

【2月19日】市语委示范校语言文化智力竞赛决赛暨颁奖仪式在崇文小学隆重举行。副市长、市语委主任洪峰,教育部语信司司长李宇明,语用司副司长张世平,北京市教委主任姜沛民等领导出席活动并为选手颁奖。经过激烈角逐,东城区代表队获得本次竞赛的冠军,海淀区、门头沟区代表队获得亚军,大兴区、通州区、昌平区代表队获得三等奖。同时决出了诵读才艺奖、书法才艺奖各6名选手。本次竞赛活动历时半年多,从学校预赛、区县半决赛到市级决赛,自下而上,140余所语言文字规范化示范校共计10余万师生积极参与。活动以成语为载体,寓教于乐,并融入了诵讲成语故事、书写成语等才艺表演,对弘扬中华优秀传统文化,提高学生语言文化素养发挥了非常积极的作用。副市长、市语委主任洪峰在讲话中指出,本次竞赛既是一次对语言文字规范化工作的宣传,也是五年来市语委示范校创建工作成果的集中展示。

【3月9日】2012年度北京市语言文字工作会议在市政府

召开,副市长、市语委主任洪峰,教育部语信司司长李宇明出席会议并讲话。市语委各委员单位的负责同志和联络员参加会议。市语委副主任曹秀云做工作报告并部署2012年工作。市精神文明办、通州区政府负责同志做典型发言。会议增补市外办、市侨办、北京卫戍区政治部、市城市管理综合行政执法局、北京华文学院为市语委委员单位。会议对第一批北京市语言文字规范化示范街道、示范乡镇,第三批国家级语言文字规范化示范校以及2011年创建工作优良单位颁发了标牌和锦旗。

【3月】作为市语委研究基地——北京语言产业研究中心的首项成果,我国第一部语言产业研究专著《语言产业导论》(贺宏志主编,陈鹏副主编)由首都师范大学出版社出版发行。教育部语信司司长李宇明教授以《认识语言的经济学属性》为题作序。本书对语言产业的概念及要素提出了初步的理论分析,并从概述、典型案例两个角度全面介绍了九种语言产业业态。作者指出,由于语言在文化中的特殊地位,语言问题不仅是国家的文化问题、教育问题,而且是政治问题、经济问题,同时也构成国家的安全问题、战略问题,语言产业的未来发展将具有重大的经济意义和战略价值。

【4月12日】市语委办召开市语委部分成员单位联络员会,17个市直单位相关部门负责人应邀与会。会议就与会单位参与2012年语言文字规范化示范创建评估检查工作进行了布置和培训。市语委副主任曹秀云到会并讲话。

【4月至5月】4月10日,市语委办批复中国传媒大学、

北京华文学院，同意成立中国传媒大学语言文字测试分中心、北京华文学院语言文字测试分中心。5月15日，市语委办批复北京京北职业技术学院，同意成立北京京北职业技术学院语言文字测试分中心。

【4月至12月】"中华诵·2012全国中小学生作文大赛"举行。东城区黑芝麻胡同小学、怀柔区第二小学获全国优秀组织奖；7名同学获年度百佳奖；参赛作文进入月提名奖71篇，获等次奖22篇，其中一等奖6篇，二等奖7篇，三等奖9篇。

【5月8日】市语委办组织2011年度宣传工作绩优区县代表一行12人赴河南安阳参观考察了中国文字博物馆和殷墟博物馆。

【5月17日】由市语委主持建设的"中国语言资源有声数据库北京库、北京语言文化资源信息库"项目举行开题论证会。会议印发了《"中国语言资源有声数据库北京库、北京语言文化资源信息库"建设工作方案》，对建设宗旨、工作目标、工作步骤、组织保障等做出了规定。

【5月】市语委办组织大中小学生参加"中华诵·2011全球华人学生暨全国学生规范汉字书写大赛"成绩揭晓。全市有近20万名学生参与了比赛。经过各区县语委和相关选送单位的初评，各组别共推选各书体作品1104件参加市级评审。经市语委专家审定，产生市级特等奖9人、一等奖29人、二等奖58人、三等奖97人、在华外国留学生作品特别奖22人，其余为优胜奖。其中，特等奖、一等奖、二等奖及特别奖作品上报全国组委会并在"中华诵"官网上展播。在全国评审中，

各组别各书体共获得一等奖8名、二等奖21名、三等奖26名、优秀奖42名,其中有10幅外国留学生作品分获各等名次,作者来自韩国、朝鲜、日本、马来西亚、哈萨克斯坦、澳大利亚、巴拉圭。7名教师获评优秀指导教师。北京市语委办获评最佳组织单位。

【5月】根据教育部语用司开展"中华诵·2011经典诵读大赛"活动的安排,市语委办组织了对区县和高校选送诵读作品的评审工作。经专家评审,选拔出34项个人节目和5项集体节目上传教育部语用司指定的大赛网站参加网络预赛和总决赛。经公众投票和专家评委评选,北京赛区选手取得可喜成绩,有33项节目获各等次奖项,占参赛节目数的84.6%,在教师组、大学生组、留学生组、综合组、集体组共获得全国一等奖1项、二等奖5项、三等奖13项、优胜奖14项。留学生组获奖选手分别来自伊朗、哈萨克斯坦、越南、秘鲁。在全国评审中,北京市语委办获评最佳组织单位。

【5月23日至6月21日】市语委评估检查工作组集中开展了第二批市级语言文字规范化示范街道、示范乡镇和第六批语言文字规范化示范校的创建评估检查工作。6月21日,副市长、市语委主任洪峰出席平谷区语言文字规范化示范创建工作汇报会并讲话。工作组专家有中国语文现代化学会副会长袁钟瑞、北京第二外国语学院教授戴宗显,成员来自市委宣传部、市政府办公厅、市外办、市广电局、市商务委、市城管执法局、首都精神文明办、市市政市容委、市文化局、市卫生局、市新闻出版局、市旅游委、市公园管理中心、北

京电视台、北京人民广播电台、北京日报社等市语委成员单位以及市语委办、部分区县语委办。评估检查工作得到教育部语用司领导的高度评价和大力支持。姚喜双司长指导了昌平区、平谷区的评估检查工作,张世平副司长指导了通州区、顺义区的评估检查工作。北京电视台采访报道了石景山区、昌平区和平谷区的示范创建、评估检查工作。

【6月】教育部语用司主办的创建国家级规范汉字书写教育特色校评审工作圆满结束。经各区县语委办申报,市语委办遴选45所学校参与此次评审。东城区天坛东里小学等16所学校获评国家级规范汉字书写教育特色校。市语委认定东城区北池子小学等29所学校为北京市规范汉字书写教育特色校。6月26日,市语委办发文公布了首批规范汉字书写教育特色校名单。

【7月7日】市语委办主任贺宏志、北京语言文化建设促进会筹备组专家黄铭晖、陈继军应邀赴内蒙古乌海市考察书法文化产业及博览会。

【7月18日】市语委发文公布了2012年度语言文字规范化示范创建单位名单,其中第二批北京市语言文字规范化示范街道、乡镇29个,第八批北京市语言文字规范化达标单位16个,第六批北京市语言文字规范化示范校30所。

【8月18日至26日】第十一期北京市普通话水平测试员资格考核培训班举办,38名学员接受了培训。培训内容包括《普通话的价值》讲座、普通话的语言学理论知识培训、普通话的单项和综合训练、计算机辅助测试的经验和思考等主题。

北京市语言文字工作大事记
(1986年至2016年)

通过严格考核，37名学员获得北京市普通话水平测试员资格。

【9月15日】第15届全国推广普通话宣传周开幕式在北京中华世纪坛隆重举行。教育部部长袁贵仁、副部长李卫红、中央电视台台长胡占凡、北京市副市长程红出席开幕式。开幕式由教育部、国家语委、北京市政府主办，北京市教委、市语委承办。袁贵仁、程红发表了讲话。李卫红主持开幕式。中国传媒大学、中国石油大学、解放军艺术学院、昌平第二实验小学表演了诵读节目，东城区少年宫的同学们现场软笔书写了本届"推普周"主题"大力推广规范使用国家通用语言文字"。开幕式还进行了全国推普工作15年巡礼展和北京市语言文字工作成果展。全国"推普周"领导小组各成员单位相关负责同志、北京市各区县语言文字工作部门负责人及大中小学师生代表共500余人参加了开幕式活动。

【9月18日至19日】市语委办召开年中工作会。各区县语委办、各测试机构、各研究中心负责同志参加了会议。会议总结了市语委办上半年各项工作开展情况，部署了下一阶段的工作。会议确定西城区和平谷区为中国语言资源有声数据库北京库发音人遴选试点区，丰台区和昌平区为北京语言文化资源信息库建设试点区。

【9月25日至26日】全国语言文字标准化工作会议在贵阳召开。北京、天津、上海、云南语委办分别在大会上做典型交流发言。市语委办主任贺宏志以"依法推进语言文字标准化建设，科学引领社会语言生活"为题向国家语委和各省市与会代表介绍了北京市开展语言文字标准化工作的情况。

【9月】我市"机测"软硬件建设进展顺利。市语言文字测试中心示范机房早在2010年下半年即已建成。针对35个测试分中心组织机构各异、硬件基础参差不齐、测试规模差别较大等情况,市语委办、市语言文字测试中心提出"积极稳妥、因地制宜、逐步推进"的工作思路,以硬件建设、制度建设、队伍建设为抓手,全程指导,跟进服务,保证了机测工作的全面展开,所有开展测试工作的分中心均已具备机测条件。

【10月11日至12日】市语言文字测试中心召开第五次专家委员会暨第二届专家委员聘任会。本次会议成立了新一届专家委员会。袁钟瑞继续担任专家委主任,委员10名。贺宏志主任为各位专家颁发了聘书并对下一步普通话水平测试指导教材改版工作提出了要求。各位专家结合我市具体情况并借鉴兄弟省市的经验就新版普通话水平测试指导教材编写工作进行了研讨。

【10月26日】市语委办党支部响应市教委机关党委号召,积极开展"三进两促"活动,与市级语言文字规范化示范校和规范汉字书写教育特色校密云县东邵渠镇中心小学结成共建对子,通过与学校党支部座谈,了解学校党建工作和教育教学工作的全面情况以及学校工作中存在的难点,共同梳理了共建活动的结合点。本次走访,市语委办向学校赠送了一批语言文字工具书和语言文化宣传品,并协调设立"致公助学基金",用于奖励优秀教师和学生。

【10月31日】教育部语用司发文公布推普宣传素材征集活动评审结果。北京市语委办等六省市语委办、东城区分司

厅小学等10所大中小学获得组织奖；我市五位作者分别获得宣传海报作品优胜奖和宣传口号作品三等奖、优胜奖。

【11月27日至28日】"寻找正宗老北京保护地道北京话"发音人遴选面试在西城区语委办举行，招募"中国语言资源有声数据库北京库"北京城区发音人。市语委副主任曹秀云、市语委办主任贺宏志出席活动并接受记者采访，93名"老北京"参加了发音人面试。活动得到市民群众和广大媒体的热烈响应。中央电视台、人民日报、光明日报、北京电视台、北京日报、北京人民广播电台等数十家平面、有声、网络媒体跟踪进行了报道和采访，取得了很好的社会反响和宣传效果。11月22日，平谷区完成了发音人的遴选工作。

【11月】《北京市语言文字工作研究论丛》由首都师范大学出版社出版发行。这是由市语言文字测试中心组编、市语委办审定的第二部科研论文集。

【12月1日】市语委主办、北京语言产业研究中心承办的第一届中国语言产业论坛（北京）成功召开。教育部副部长、国家语委主任李卫红，北京市副市长、市语委主任洪峰出席论坛开幕式并讲话。来自国内相关领域的领导、专家学者和语言企业代表共100余人相聚一堂，献计中国语言产业发展。李卫红副部长在讲话中强调，中国是语言资源大国、语言消费大国，北京作为世界华语区中心，推动语言产业科学发展，建设语言产业强国，是贯彻十八大精神、建设社会主义文化强国的重要方面。希望语言文字工作者拓宽视野、融入全局，树立"大语言观"；希望各位专家学者深入调研、创新研究，

献计语言产业发展；希望各位产业界企业家凝心聚力、共谋发展，打造语言产业集群。洪峰副市长在讲话中指出，首届语言产业论坛成功举办，语言产业发展翻开了新的一页。当前，语言产业研究站在新的起点、语言资源开发面临新的机遇、语言产业发展进入新的阶段。与会代表围绕语言产业的组织分析、语言服务与语言消费、语言信息产业与语言信息技术、智能语音技术在语言教学与测试中的应用、汉语言产业与汉语言发展、汉字排序、语言产业的概念界定及发展战略、硅谷语言产业的语言学贡献、语言经济学研究、汉语经济发展中的问题与对策、语言消费的个体差异、中文字体产权保护与未来发展、语言出版业现状与思考、语联网等话题各抒己见。开幕式上，市语委副主任曹秀云汇报了推进语言产业研究工作的情况。市语委办主任贺宏志博士主持论坛发言并做会议总结。

【12月1日】 汉字应用水平测试在京津沪三地同期开考。我市共设北京师范大学、北京语言大学、首都师范大学、北京联合大学师范学院、北京青年政治学院、西城区、朝阳区、大兴区、房山区、延庆县等共16个考点，8823人报名参加测试，比上年增长3300多人。

【12月6日至7日】 在北京举行的第五届全国普通话培训测试学术研讨会上，市语言文字测试中心获颁"优秀论文组织奖"，并在论文报送量、获奖数量方面均获得历史最好成绩，有五篇学术论文获得"优秀论文奖"。

【本年度】 年内全面实现了计算机辅助普通话水平测试。

全年共 58802 人次参加普通话水平测试。

2013 年

【1月21日】在认真总结西城区、平谷区试点经验的基础上，市语委办印发《中国语言资源有声数据库北京库建设采录工作规范》。明确建库工作要按照"国家统一规划、地方组织实施、专家业务负责"的方式进行，并从组织机构、职责分工、经费使用、工作流程等方面对建库各阶段工作提出了具体要求。

【1月23日】市语委办发文公布语言文字工作网站建设评审结果。市语委办于上年4月制定了网站建设评比办法，督促、指导各区县语委办推进信息化建设。通过半年多的建设，各区县已全部开通语言文字网站（网页）。

【1月23日至24日】市语委办召开2013年工作会议。会议邀请教育部语用司司长姚喜双做学习《国家中长期语言文字事业改革和发展规划纲要（2012—2020）》的辅导报告，市语委副主任曹秀云出席会议并讲话。会议对2012年的语言文字工作进行了总结，对2013年的工作做出了部署。市语委办主任贺宏志以《新中国语言文化建设重大成就和北京市语言文字工作概要》为题向与会人员做学习报告。

【1月30日】北京语言文化建设促进会在京正式成立。该组织是市语委领导下的社会团体。教育部语用司司长姚喜双、老领导胡昭广、陶西平、北京市教委主任姜沛民出席会议并为促进会成立揭牌。市语委办和市社团登记管理部门负责同

志分别宣读了北京语言文化建设促进会成立的批复文件和《行政许可决定书》，市语委副主任曹秀云做筹备工作报告。大会审议并表决通过了《北京语言文化建设促进会章程》，选举产生了促进会第一届理事会、监事会。理事会、监事会分别召开了第一次会议，胡昭广当选促进会会长，曹秀云当选常务副会长兼秘书长，李抗英、田伯平、陆铭琦、黄明晖、王东斌、王卓当选副会长，李西勤当选监事长。陶西平、段炳仁、徐锡安、王伟、欧阳中石先生受聘为促进会顾问。北京语言文化建设促进会的宗旨是：遵守宪法、法律、法规，贯彻国家语言文化方针、政策，团结我市语言事业和语言产业界同人，构建一个连接政府、语言行业及相关企事业单位、社会相关资源、业内专业人士及其他有关参与者的交流平台，促进首都地区语言事业的繁荣和语言产业的发展。促进会首批单位会员50家，个人会员100多人。

【3月1日】市语委再次召开《国家中长期语言文字事业改革和发展规划纲要(2012—2020)》实施意见论证会。市语委办全面汇报了实施意见的起草过程和内容设计。会议对北京市实施意见(征求意见稿)进行了深入研讨，与会领导和专家姚喜双、张世平、周建设、袁钟瑞、陈鹏、杨学军等提出了宝贵的意见和建议。市语委副主任曹秀云出席会议。

【3月14日】新疆民语委测试工作考察组来京考察、交流。由新疆民语委党组成员、副主任张树山及新疆民语委副研究员、教育部语用所所长助理兼测试处处长王晖带队的一行7人来京考察交流普通话水平计算机辅助测试工作。北京

市语委副主任曹秀云出席交流活动。

【3月16日至4月1日】应国家语委测试中心和香港岭南大学之邀,市语委办选派国家级普通话水平测试员赴香港执行普通话水平测试任务,这是我市首次参与国家语委和中国香港的普通话培训测试合作项目。

【3月25日至29日】国家语委主办的"语言文字事业规划纲要"专题培训班在杭州举办。市语委办主任贺宏志以"贯彻落实规划纲要,加强首都语言文化建设,助力实现中国梦"为题,向全体学员交流了北京市语委贯彻落实规划纲要实施意见的理念、思路、内涵和具体任务。我市8位同志参加了本次培训。

【4月8日】语言文字工作系统"中国梦"主题教育活动座谈会在京召开。教育部副部长、国家语委主任李卫红出席座谈会并讲话。李卫红指出,语言文字工作要传播"中国梦",构建语言梦。语言文字梦是增强国家语言实力的梦,是提高国民语言能力的梦,是构建和谐语言生活的梦,是描绘美丽中国的梦。北京市语委办主任贺宏志应邀与会并以"努力打造中国特色社会主义先进文化之都"为题做会议发言。

【5月3日】贺宏志博士应邀做客北京电视台财经频道《数说北京》节目,与主持人和评论员互动共叙"说"出来的经济及我市发展语言产业之道。节目于5月12日播出。此前的4月12日,应市统计局相关部门邀请,市语委办主任贺宏志与市统计局相关部门及《数说北京》节目组负责人共同探讨确立语言产业统计指标的有关问题。

【5月8日】市语委、市人力资源和社会保障局发文表彰2010—2012年度语言文字工作先进集体和先进个人。授予120个单位"北京市语言文字工作先进集体"荣誉称号，200名同志"北京市语言文字工作先进个人"荣誉称号。

【5月上旬】应西藏自治区语委邀请，市语委办再次委派两位首都师范大学国家级普通话水平测试员教师赴拉萨援助西藏自治区普通话水平测试员资格考核培训工作。

【5月13日】市教委、市语委印发《关于加强区县公务员和教师队伍语言文字培训测试工作的意见》，要求进一步加大在区县公务员和教师队伍中推广普及国家通用语言文字的力度，积极推进公务员和教师的普通话水平测试、汉字应用水平测试、汉语能力综合测试等工作。

【5月21日】《北京市实施〈国家中长期语言文字事业改革与发展规划纲要（2012—2020）〉的意见》发布。《实施意见》由指导思想、工作目标、主要任务、保障措施等部分组成，将2012—2020年工作细化为50个具体目标，并依时间节点对50个目标进行了任务分解。

【5月22日】市教委、市语委印发《关于进一步推进高校学生语言文字水平测试工作的意见》，就进一步推进高校学生语言文字水平测试工作的开展提出指导性意见。

【5月30日】市语委办党支部赴密云东邵渠镇中心小学参加"翰墨飘香，美丽少年"第一届书法节，并开展了"1＋1"支部共建活动，为该校捐赠《语言文字趣谈》450册和"语文知识小丛书"20套。

北京市语言文字工作大事记
(1986年至2016年)

【6月5日】市语委牵头在北京市教工休养院召开《北京市实施〈国家通用语言文字法〉若干规定》十周年执法调研和示范创建评估检查工作研讨会，特邀教育部语用司、市人大教科文卫体委员会、市政府办公厅、市法制办、市教委、市教育督导室、中国语文现代化学会等相关方面负责同志参加了会议。

【6月6日】市语委批复首都师范大学，同意该校联合北京地区有关高等学校和科研机构成立北京语言智能协同研究院，作为市语委的科研基地，并希望加强整合协作、协同创新、产学研结合，早出多出成果并实现成果转化。10月20日，北京语言智能协同研究院授牌仪式暨建设规划研讨会在首都师范大学举行。

【6月18日】由教育部语用所所长助理兼测试处处长王晖带队的新疆普通话水平测试考察组一行7人来京考察交流普通话计算机辅助测试工作。市语言文字测试中心常务副主任杨学军向考察组介绍了我市普通话计算机辅助测试工作的推进及相关硬件建设情况，并陪同赴北京师范大学参观了该校语言文字测试分中心。

【6月19日至21日】市语委办举办第一期语言文字规划纲要及规范标准培训会。各区县语委办工作人员、测试机构工作人员及社会用字监督员等160人参加了培训，市语委副主任曹秀云出席并做动员。培训会邀请教育部语用司姚喜双司长做关于《国家中长期语言文字事业改革和发展规划纲要（2012—2020年）》辅导学习的报告；市政府办公厅孟伟杰副巡

视员解读《党政机关公文格式》和《党政机关公文工作条例》；中国社科院李志江研究员、董琨研究员、北京大学沈阳教授分别就《中国人名汉语拼音字母拼写规则》《汉语拼音正词法基本规则》《标点符号用法》《出版物上数字用法》等国家标准进行了学习辅导；市语委办主任贺宏志就《北京市实施〈国家中长期语言文字事业改革和发展规划纲要（2012—2020年）〉的意见》进行了全面解析，并对市语委办下一步工作进行了布置，提出了工作任务和要求。7月上旬，市语委办组织高校和市语委成员单位共130人举办了第二期语言文字规划纲要及规范标准培训会。

【6月】市语委研究项目成果《北京高校语言文化建设研究》（贺宏志、周建设主编）由首都师范大学出版社出版发行。

【6月】《数据》杂志以《语言产业，在春天写意》为题发表市语委办主任贺宏志博士的专访文章。文章围绕"语言，也是一种产业""语言产业，带来红利无限""北京，国家语言产业的梦工厂"等话题，生动展示了关于研究推进语言产业的理论思考与现实努力。

【7月5日】市语委办党支部、密云县东邵渠镇中心小学党支部"1+1"共建，在该校举行"致公鸿屹助教助学"启动仪式。市人大代表、西城区人大常委会委员、致公党北京市委常委、致公党西城区委主任、市语委办主任贺宏志，市语委办党支部和中共密云县委统战部负责人，致公党市委、西城区委代表以及致公党西城区第15支部主委、市劳模、活动捐助者赖昌凉出席。活动举行了颁奖仪式，奖励了30名优秀学

生。"致公鸿屹助教助学"活动为期三年。

【7月23日】国家语委"十二五"科研规划2013年度重大科研项目选题会在教育部召开。贺宏志博士应邀出席会议并就立项开展行业领域语言服务标准研究和语言产业经济贡献度研究提出了建议。

【8月6日】教育部语用所"党的群众路线教育实践活动领导小组"邀请北京市语委办主任贺宏志到所做题为《党的群众路线与语言文化建设》的辅导报告，报告从十个方面探讨了群众路线的贯彻与语言文化建设。

【9月12日】应北京语言大学党委宣传部邀请，市语委办主任贺宏志向有关专业师生做题为《语言话题十谈》的学术报告，作为北京语言大学"推普周"系列学术报告的第一场。此前，贺宏志博士已受聘北京语言大学中国语言政策与标准研究所兼职研究员和研究生导师。

【9月25日】"吉利大学语言文字测试分中心"揭牌成立。市语委办及市语言文字测试中心主任贺宏志、吉利大学副校长李克安出席仪式并为测试分中心成立揭牌。

【9月27日】市语委召开中小学语言文字工作纳入素质教育督导工作征求意见座谈会。市语委副主任曹秀云、市语委办主任贺宏志、市教育督导室副处长魏旭斌、中国语文现代化学会副会长袁钟瑞、各区县语委办负责人及国家级语言文字规范化示范校代表参加了会议。贺宏志同志宣读《教育部督导团办公室教育部语言文字应用管理司关于开展中小学语言文字工作督导评估的通知》并就有关工作背景进行了介绍。与

会人员一致认为教育部把中小学语言文字工作纳入教育督导，使学校语言文字工作有了更为有力的途径与手段，提高了语言文字工作在学校教育特别是基础教育中的地位，建议将指标体系具体化，增强可操作性。

【11月1日】"北京市盲人学校语言文字测试分中心"正式成立。市语委副主任曹秀云为测试分中心成立揭牌。分中心成立后，将着手安排测试场地和设施，选派人员参加普通话水平测试员的通用培训和面向视障人员进行普通话水平测试的专项业务培训，筹备开展我市视障人员普通话水平测试工作。

【11月30日】汉字应用水平测试在京津沪三地同期开考。我市共设包括北京师范大学、首都师范大学、北京联合大学师范学院、北京青年政治学院、北京华文学院、北京京北职业技术学院、西城区、朝阳区（8个考点）、房山区、延庆县、门头沟区在内的18个考点。测试报名人数为9195人，比2009年首考的2259人增长了3倍。应试者主要为中小学教师、高校教师和学生、编辑、记者、校对和文字录入员、公务员等。

【11月30日】市语委主办，北京语言文化建设研究中心、中国语言政策与标准研究所承办的"首届语言文化建设学术论坛"在北京语言大学举行。教育部语用司司长姚喜双教授、语信司田立新副司长、语用所刘朋建副所长、北京市语委曹秀云副主任等出席会议，来自全国各地高校、语言文字工作部门及相关研发机构的50余位专家学者参加了论坛。北京语言

大学党委书记李宇明教授代表学校致辞并做主旨发言。20多位专家分别从新时期语言文字事业发展的新视点、语言文字管理服务理念、语言文化建设内涵、公民语言教育、语言文字培训测试、汉字认知与书法教育、语言能力修养、汉语国际传播、行业语言服务、少数民族文字互联网发展、中文字库与汉字文化传承、汉英语言接触中的文化传输、法律语言、语言资源监测等语言文化建设命题进行了深入研讨。

【11月】我国第一套"语言产业研究丛书"由语文出版社出版发行。该丛书总顾问李宇明，总主编贺宏志，副总主编陈鹏。目前已出版《语言产业引论》和《欧洲语言产业规模之研究报告》，语言产业学术团队的研究成果《语言服务概论》《语言产业经济贡献度分析》《语言会展业研究》《语言康复业研究》等成果将陆续推出并加入该丛书。《语言产业引论》是《语言产业导论》的修订版。《欧洲语言产业规模之研究报告》原作者为Andriane Rinsche 和 Nadia Portera-Zanotti，译者为曾贞、王巍等。

【11月下旬至12月上旬】市语委办组织安排了对第三批北京市语言文字规范化示范街道乡镇和第七批北京市语言文字规范化示范校创建活动的调研工作。调研工作以座谈交流和随机抽查相结合，调研内容以语言文字规范化全面工作和示范创建工作为重点，促进工作交流，提高工作实效。

【12月3日】市教委、市经信委、市民委、市公安局、市民政局、市文化局、市工商行政管理局、市质量技术监督局、市广电局、市新闻出版局、市语委等部门转发教育部等十二

部门关于贯彻实施《通用规范汉字表》文件的通知,要求各区县相关单位深刻认识《通用规范汉字表》的重要意义,积极参加教育部、国家语委组织的全国《通用规范汉字表》专题培训班,采取针对性措施,推动《通用规范汉字表》在本领域的贯彻实施。

【12月26日】市语委办党支部赴密云与东邵渠镇中心小学党支部进行"1+1"支部共建交流活动,向师生送去新年的祝福和问候,赠送语言文化图书10种730多册,价值1.3万多元,并与学校师生一起参加了迎新年联欢会暨艺术教育成果展示活动。

【12月29日】市语委重大项目北京语言文化资源信息库与数字博物馆建设项目研讨会在北京语言大学举行。市语委办主任贺宏志出席会议,9个子项目负责人和部分参与本项目工作的研究生参加了研讨会。项目总负责人张维佳教授介绍了项目研发总体进展,对前期研究中取得的成绩和存在的问题进行了总结。与会人员围绕项目规范、成果对接、数据库设计、数据库与网络对接等问题进行了研讨。

【12月31日】市语委印发《关于公布第三批语言文字规范化示范街镇的通知》,认定50个街道、乡镇为北京市语言文字规范化示范街道、示范乡镇。通过连续三年的创建工作,认定了100个北京市语言文字规范化示范街道、示范乡镇,占全市街道、乡镇的30%,实现了既定的工作目标。

【12月31日】市教委、市语委印发《关于认定北京市第七批语言文字规范化示范校的通知》,认定北京景山学校等40

所学校为北京市语言文字规范化示范校。

【本年度】全年共68390人次参加普通话水平测试。

2014年

【1月】市语委办审定的《新编普通话水平测试应试指南》由首都师范大学出版社出版发行。该书是在2010年版《普通话水平测试应试指南》的基础上，结合北京地区实际，针对计算机辅助普通话水平测试而编写的应试辅导用书。随书附有朗读训练示范光盘；另赠学习卡，可供考生在线学习、模拟测试。

【2月13日】为全面掌握并科学保护和开发利用我市语言文化资源，市语委、市文化局、市文物局、市地方志办公室联合印发《关于开展北京语言文化资源普查工作的通知》，部署开展北京语言文化资源普查工作，对北京地域特征明显的各类语言文化资源进行系统采集整理。《通知》要求各区县语委、文委、地方志办公室结合工作分工和本区县工作实际贯彻落实。

【3月5日】市语委办2014年工作会议在首都师范大学国际文化中心召开。各区县语委办、各测试分中心负责人参加会议。市语委办及市语言文字测试中心主任贺宏志从法制建设、宣传教育、示范创建、测试工作、应用科研、信息化建设等方面总结了2013年工作，对2014年工作进行了部署并提出了新的要求。会议还就即将开展的"第二届中国汉字听写大会北京市选拔赛暨《北京市实施〈中华人民共和国国家通用语

言文字法〉若干规定》十周年纪念活动"的赛事安排和评分标准等问题进行了说明和解读。中央电视台《中国汉字听写大会》节目组联络员与各区县就决赛工作进行了对接。

【3月28日】新疆维吾尔自治区民族语言文字工作委员会（翻译局）给北京市语委发来感谢信。近年来，北京市语委办认真落实中央新疆工作座谈会精神，积极响应教育部、国家语委提出的支持新疆语言文字工作的号召，不断加强京疆两地语言文字工作的联系和沟通，积极协调，主动作为，先后为和田地区语委、自治区民语委援助工作经费10万元，赠送价值25万元的语文工具书、课外读物和语言文化系列图书（共12000册），并为新疆地区开展计算机辅助普通话水平测试试点工作提供学习交流机会和专业培训。这一系列工作，为在新疆推广普及国家通用语言文字和促进双语教学做出了贡献。

【3月30日】市语委主办的第二届《中国汉字听写大会》北京选拔赛暨《北京市实施〈中华人民共和国国家通用语言文字法〉若干规定》十周年纪念活动在北京市第十五中学隆重举行。教育部语用司副司长彭兴颀、北京市教委委员李奕、西城区政府副区长陈宁等领导出席决赛及活动颁奖仪式。中国语文现代化学会副会长袁钟瑞担任汉字听写大会北京选拔赛主考官，北京大学中文系教授苏培成、教育部语应用所原副所长靳光瑾、中国语文现代化学会常务理事赵功德等专家担任评委。此次活动融入了校园情景剧展演、漫画诗配画作品展示等创新形式，以此纪念《北京市实施〈中华人民共和国国家通用语言文字法〉若干规定》施行十周年。16支代表队经过一天

的激烈角逐，北京市第十二中学参赛队以决赛第一名的成绩取得了代表北京出征第二届《中国汉字听写大会》全国决赛的参赛资格。北京市第八十中学选送的两名同学将代表港澳台籍学生直接参加全国决赛。海淀区教师进修学校附属实验学校参赛队摘取校园情景剧比赛一等奖桂冠。北京市第十五中学、朝阳区华中师大附中、北京市第十二中学选送作品获得漫画比赛一等奖，北京市徐悲鸿中学、北京市京源学校、平谷区北师大附中选送作品获得诗配画比赛一等奖。

【4月3日】 市语委办召开区县语委办负责人工作会。会议对第二届"中国汉字听写大会"北京选拔赛暨《北京市实施〈国家通用语言文字法〉若干规定》十周年纪念活动进行了总结，对做好第八批语言文字规范化示范校创建评估、小学生成语文化大赛、信息宣传等重点工作进行了强调，并对语言文化建设宣传品的发放要求进行了详细说明。

【4月17日】 市语委办在北京师范大学召开《北京语言生活状况年度报告》编委会成立暨选题论证会。编委会顾问李宇明教授，审定专家周建设教授、周庆生研究员出席论证会。与会专家一致认为《北京语言生活状况年度报告》是我国首部城市版语言生活状况报告，应突出北京特色，对北京地区的各种语言活动进行跟踪调查与研究，获取相关的实态数据，分析数据所反映的语言规律和语言面貌，阐释这些规律和面貌形成的深层原因，为制定科学的语言文字政策服务，促进实现首善之区语言生活的规范与和谐。"北京语言生活状况年度报告"为市语委委托项目，由北京师范大学王立军教授主持。

【4月23至24日】市语委办分别召开北京语言文化资源普查工作丰台区、昌平区研讨会，启动北京语言文化资源普查工作。市语委办主任贺宏志，北京语言文化资源信息库建设项目首席专家张维佳教授，北京师范大学王立军教授，市地方志办公室和北京非物质文化遗产保护中心有关负责人，两区语委、文委、地方志办相关负责同志参加了会议。会议强调此次语言文化资源普查要坚持保护利用、普及弘扬并重，加强对优秀传统文化思想价值的挖掘和阐发。本次普查工作的目的是整理、保护本市濒危的语言文化资源，建立北京语言文化资源信息库并以此为基础建设北京语言文化数字博物馆。与会专家就口传文化、非遗传承人、民间传说、碑帖楹联等普查内容和调查问卷填写进行了说明。丰台、昌平两区语委办、文委、地方志办的同志就本区语言文化资源做了介绍。

【4月29日】市语委研究基地——北京华文学院语言文化传播研究中心揭牌仪式举行。北京华文学院院长周锋、副院长郭熙、市语委办主任贺宏志、北京语言产业研究中心主任陈鹏出席揭牌仪式。陈鹏教授代表市语委兄弟研究基地对语言文化传播研究中心的成立表示祝贺。揭牌仪式结束后，作为北京华文学院客座研究员，贺宏志博士为学院教师做题为《语言话题漫谈》的学术报告。

【5月7日】市语委办召开《奇妙的成语世界：成语文化读本》《语言文字工作实务读本》编委会成立暨编写工作研讨会。会议研讨确定了编写宗旨、写作框架。两书将由商务印书馆

出版。

【5月12日】由北京语言产业研究中心承担的国家语委重大委托项目"语言产业经济贡献度研究"（陈鹏教授主持）和重点委托项目"行业语言服务的理论研究与标准制定"（贺宏志博士主持）开题报告会在首都师范大学举行。北京语言大学李宇明教授、首都师范大学周建设教授、商务印书馆周洪波总编辑以及《语言文字应用》执行主编叶青、科大讯飞北京公司总经理王卓担任评审专家。教育部语信司张浩明司长出席会议并讲话。会议由语信司易军处长主持。经评议，准予两项课题通过开题答辩。

【7月15日至23日】市语言文字测试中心举办第十二期北京市普通话水平测试员资格考核培训班。23名参训学员中有20人通过考核并获得北京市普通话水平测试员资格。至此，我市已培养普通话水平测试员1000人，其中有国家级测试员200余人。

【7月29日】中国语言资源有声数据库北京库调查工作验收会在北京语言大学举行。教育部语信司司长张浩明、处长易军、北京市语委办主任贺宏志出席会议。中国社科院语言所张振兴研究员、北京语言大学李宇明教授、南京大学顾黔教授、南京师范大学孙华先教授、北京语言大学杨尔弘教授组成验收专家组。经评审，中国语言资源有声数据库北京库顺利通过验收。北京库是继江苏库之后全国第二个全面完成建设工作的省级语言资源有声数据库。

【8月4日】在总结前期丰台区、昌平区试点工作经验的

基础上，市语委办召开北京语言文化资源普查工作推进会，部署全市范围的普查工作。会议就普查工作方案进行了解读，要求年内完成普查工作。各区县语委、文委、地方志办的领导、代表分别介绍了区域语言文化资源基本情况，并分组进行了交流研讨。

【8月6日至8日】市语委办主任贺宏志博士、北京语言产业研究中心主任陈鹏教授及研究团队骨干成员赴"成语之都"邯郸市交流考察。邯郸市政协文史资料委员会郭培伦主任、社会法制和民族宗教委员会李明玉主任介绍了邯郸市成语文化宣传教育的基本情况，双方就"成语文化与语言产业、语言文化建设、行业语言服务"进行了深入探讨。

【10月16日】市语委办主任贺宏志主持会议，讨论"北京市民语言文化阅读书系"编委会组成、入选书目及作者分工等事宜。"北京市民语言文化阅读书系"以北京语言文化资源普查工作成果为基础，规划研编16种读物。著名教育学家顾明远先生为书系题写总序，贺宏志博士担任书系总主编。市语委专家委员会委员袁钟瑞、杨学军，商务印书馆专家及部分作者出席了会议。会议议定《奇妙的成语世界：成语文化读本》作为书系的首发书目，争取在2015年4月23日（世界读书日）出版发行，书系争取在2017年4月23日成套出齐并举行发布会。

【10月28日】教育部语用司召开《〈国家通用语言文字法〉实施办法》筹备立法北京地区调研会，教育部语用司周道娟处长、国家语委咨询委员会委员黄勇出席会议，市语委办主任

贺宏志主持会议。来自市、区两级工商行政管理部门、市政市容管理部门、城市管理综合行政执法部门、公园管理部门及部分区县语委办、街道办事处的同志交流了语言文字社会应用依法监管工作，并就《〈国家通用语言文字法〉实施办法》的立法提出了意见和建议。

【10月31日】"语言战略与国家安全高层论坛"在北京外国语大学举行。来自教育部、中共中央对外联络部、外交部、中国社科院、中国外文局、北京大学、清华大学、解放军国际关系学院、北京外国语大学等单位的领导和专家参加论坛。贺宏志博士应邀出席论坛，结合北京市的工作探索，做了《语言文化建设的理论与实践》专题发言。

【11月4日】 2014年度共建活动在东邵渠镇中心小学举行。市语委办党支部决定结合教育系统领导干部联系中小学活动，开展中小学生语言素养提升专题调研，摸清目前语文教学中口语表达交际能力培养的现状和问题，为进一步决策和开展工作提供依据。本次共建活动通过听课、座谈，搜集了第一手材料。鸿屹丰彩公司总经理赖昌泉、致公党西城区委主委贺宏志向学校捐赠了助学金，市语委办向学校赠送了词典、字帖等语言文化图书。

【11月5日】 市语委办召开区县语委办负责人工作会。会议围绕市语委干部培训班、语言文字规范化示范校创建、汉字应用水平测试、北京市小学成语文化知识才艺竞赛活动决赛等年度重点工作进行了部署，并就上半年工作绩效进行了点评。

【11月13日至22日】北京市语委援助西藏自治区语委干部培训班在京举行，来自西藏7个地市和5所高校的30名语言文字工作领导干部、教师和工作人员参加了培训。教育部语用司副司长彭兴颀、北京市教委委员李奕出席开班式并致辞。教育部语信司张浩明司长、语用司彭兴颀副司长、语用所张世平所长，北京语言大学党委书记李宇明教授、中央民族大学戴庆厦教授、北京师范大学王立军教授、上海市教科院高教所张日培副所长、中国语文现代化学会顾问袁钟瑞、北京市语委办主任贺宏志博士等专家，分别就"语言文字的规范化标准化信息化建设""依法管理和服务语言文字社会应用""普通话与民族地区推普""西藏语言规划""科学保护各民族语言文字""汉字文化与国家通用语言文字规范""主体多样的语言规划构想""提高语言素养与提升语言能力""语言文化建设的理论与实践"等议题，深入浅出地解析了我国语言文字工作的方针政策和新形势、新任务。培训期间，组织学员实地考察了天津市语言文字培训测试中心、北京师范大学语言文字测试分中心。组织学员赴内蒙古自治区呼和浩特市专题考察"民族教育和双语教学"开展情况。市语委办为每位学员提供了26种辅导资料，内容丰富，涵盖了语言文字工作的各个方面，课程安排紧凑、高效。培训活动得到了天津市语委、内蒙古自治区语委的大力支持。

【11月26日至27日】市语委召开2014年度语言文字工作干部培训会。来自市语委各成员单位、各区县语委、各语言文字测试分支机构及近50所高校的180人参加了此次培训。

北京语言大学李宇明教授、北京师范大学王立军教授、中国语文现代化学会顾问袁钟瑞、北京市政府孟伟杰副巡视员、北京市语委办主任贺宏志博士等专家，分别以"语言能力与语言规划""汉字文化与国家通用语言文字规范""提高语言素养与提升语言能力""党政机关公文写作条例规范解读""语言文化建设的理论与实践"为题进行授课。市语委办为每位学员提供了20余种语言文化和语言文字工作学习资料。

【11月27日】"对外经济贸易大学语言文字测试分中心"揭牌成立。市语委办及市语言文字测试中心主任贺宏志、对外经济贸易大学党委副书记陈建香出席仪式并为测试分中心成立揭牌。

【12月9日】市语委办主任贺宏志联系丰台区教委、海淀区教委、大兴区教委有关负责同志，对德茂中学和亦庄实验小学进行了调研。根据市委教育工委、市教委、市教育督导室《关于建立教育机关领导干部联系中小学校制度的意见》及实施方案，市语委办负责联系大兴区、东城区6所中小学。调研工作切实履行"服务学校、宣传政策、指导工作、推动落实"的职责，与学校领导和语文教研室教师座谈，了解学校工作需求和亟待解决的问题以及对教育政策的意见与建议，并围绕学生语言素养提升特别是口语表达交际能力训练问题展开研讨，还听取了学生减负政策落实情况的汇报。走进语文课堂，掌握学校教学的实际情况，听课评课，对学校工作提出建设性意见。贺宏志同志代表市语委办和联系小组向学校领导及语文教师赠送了语言文化建设宣传品、语言文化图书

300余册(件)。12月25日,**市教委语言文字工作处副处长安晶晶赴联系点庞各庄中学、礼贤镇第一中心小学调研**,并向学校赠送了语言文化建设宣传品、语言文化图书300余册(件)。前期,调研员邓鸿赴东城区灯市口小学和国子监中学调研,并赠送语言文化图书。

【12月11日】北京市语委办、北京市语言文字测试中心在京举办十二省市语言文字培训测试工作学术研讨会,并以此纪念北京市语言文字测试中心成立五周年。教育部语用所所长、国家语委测试中心主任张世平,北京市教委委员李奕等领导出席会议并致辞。市语委办及市语言文字测试中心主任贺宏志以"完善服务与管理职能,推动测试工作全面发展"为题做工作交流报告。来自国家语委测试中心以及北京、上海、安徽、河北、黑龙江、内蒙古、湖南、湖北、四川、广东、云南、新疆等省、市、自治区语委办及语言文字培训测试机构的负责同志、专家近100人参加研讨会,并进行了分组讨论。

【12月13日】我市2014年汉字应用水平测试在9个区县、9所高校共29个考点进行,16147人报名参试。2009年开展测试试点工作以来,累计测试达45500余人。市语委办为每一位参试人员免费提供了测试指导用书。

【12月16日至18日】市语委办示范校创建检查调研组赴延庆、昌平、大兴、丰台、通州、朝阳检查调研第八批语言文字规范化示范校创建工作,并开展学生减负工作落实情况和语言素养提升专题调研。检查调研工作务实、高效。12月

26日,市教委、市语委印发文件,批准认定30所学校为北京市语言文字规范化示范校。

【12月20日】市语委主办的小学成语文化知识才艺竞赛活动决赛在朝阳师范附属小学隆重举行。市教委委员李奕等领导出席决赛及活动颁奖仪式并致辞。中国语文现代化学会顾问袁钟瑞、首都师范大学杨学军教授和解小青教授等专家担任评委。全市各区县200余名师生参与了决赛活动。在各区县广泛开展小学生成语文化知识才艺竞赛活动预赛的基础上,决赛以《汉语成语小词典》为依据,形式丰富,既有对成语文化知识的理解与考查,还包括成语故事讲述、经典诗文诵读和软笔书法展示等,并评选出上述四个方面的单项奖。16支代表队经过激烈角逐,西城区代表队获得团体特等奖,顺义区、通州区代表队获得团体一等奖,东城区、海淀区、朝阳区代表队获得团体二等奖,其余10个区县的代表队获得团体三等奖。

【12月30日至31日】浙江省区域推进语言文字规范化试点工作现场会在绍兴诸暨店口镇召开。北京市语委办主任贺宏志博士应邀做《语言文字工作与社区语言文化建设》专题讲座。

【本年度】全年共67709人次参加普通话水平测试。

2015年

【1月5日至6日】市语委办召开2015年工作会议。市教委委员李奕出席并讲话,各区县语委及语委办负责人、各测

试机构和研究机构负责同志参加会议。李奕委员在讲话中对做好2015年语言文字工作提出了明确要求，指出语言文字工作要在深化首都教育领域综合改革的进程中发挥重要作用，要创新工作理念和工作方式，更加关注学生的实际获得，坚持协同、开放、融合、联动和穿越边界的理念，加强语言文字工作同学科教学的有机融合，切实提升学生语文综合素养。讲话中还对跨区县建立辩论俱乐部工作进行了解读和强调，要求扎实推进此项工作，有效提升学生的语言能力特别是口语交际表达能力。市语委办及市语言文字测试中心主任贺宏志总结了2014年语言文字工作，对2015年的工作进行了部署。李奕委员为第八批北京市语言文字规范化示范校颁授标牌。

【1月10日】北京语言文化建设促进会召开第二届理事会第一次会议。促进会新任理事会、监事会组成人员共35人参加会议。会议由促进会常务副会长黄铭晖主持。市语委办主任贺宏志代表主管部门，首先就中组部、市委组织部关于离退休领导干部社会团体兼职问题的有关规定进行了解读，并对第二届理事会、监事会人员调整进行了说明。促进会副会长、法人代表李抗英做《北京语言文化建设促进会第一届理事会工作总结及第二届理事会2015年工作思路》报告。经选举，王勇当选新任会长，燕清、李琼补选为副会长。

【3月17日至20日】市语委与市卫生计生委联合主办两期医疗机构语言服务规范培训班。培训旨在提高医疗行业从业者的语言服务规范意识，加强医疗机构语言文化建设，提

高医疗服务水平，构建和谐医患关系。来自市卫生计生委、中医局、医管局、三级医院、二级医院及区县卫生计生委（卫生局）的300余人参加培训学习。首都师范大学陈鹏教授、市语委办贺宏志主任、市政府办公厅孟伟杰副巡视员、市委办公厅信息综合室庞学栋副主任、市政府办公厅信息处尹晓帆副调研员等专家，分别就"语言文化与医院文化建设""医院语言服务规范""公文格式与写作""政务信息撰写"等内容，进行了深入浅出的讲解，从口头语言与书面语言两个维度，对医疗机构工作者语言服务进行了培训。《医疗行业语言服务规范》是贺宏志博士主持的国家语委重点项目"行业语言服务的理论研究与规范制定"的成果之一。此项培训是成果转化的有效形式，也是语言文字工作深入行业、服务社会的新开拓。

【3月24日】北京市中小学生辩论俱乐部启动仪式在北师大附属实验中学隆重举行。市委常委、教育工委书记苟仲文，市委副秘书长郭广生等领导出席。市教委委员李奕主持启动仪式。全市各区县语委、基础教育与教研部门负责同志以及北师大附属实验中学师生共120余人参加。为深入贯彻《北京市中小学语文学科教学改进意见》，推动开放性语文学习活动，切实提升中小学生语言能力特别是口语交际表达能力，市教委、市语委组织相关资源，在全市建立新型的跨区县小学生辩论俱乐部、初中生辩论俱乐部和高中生辩论俱乐部。启动仪式上，苟仲文同志为朝阳区教委、通州区教委、西城区教委分别颁授小学生、初中生和高中生辩论俱乐部标牌。市语委办主任贺宏志介绍了全市中小学生辩论俱乐部的筹备

情况和工作安排。北师大附属实验中学代表队与北京十四中代表队围绕"高中生更需要经典阅读还是时尚阅读"开展了辩论表演赛。北京语言大学张维佳教授和首都师范大学邢星教授进行了点评。辩论表演赛后，郭广生同志发表了讲话。

【3月31日】区县语委办负责人会议在市教委召开。会议通报了有关工作进展情况，部署了近一阶段的任务，强调扎实做好示范校创建工作、"推普周"宣传工作、测试工作、信息工作，希望各区县语委办结合实际，配合做好"第三届中国汉字听写大会"选拔工作及中华经典吟诵培训推广工作。

【4月23日】在第20个"世界读书日"到来之际，中国教育报、北京市语委、商务印书馆共同主办的"中国教育报2014年度推动读书十大人物揭晓仪式暨北京市阅读能力研究发展中心成立大会"在商务印书馆举行。来自教育部、中国出版集团公司、北京市教委、北京市语委、中国教育学会中语会、中国教育报刊社的领导、专家，与来自全国各地的校长和教研员、教师参加了此次活动。中国出版传媒股份有限公司副总经理樊希安、北京市教委委员李奕、中国教育报刊社总编辑翟博、商务印书馆总编辑周洪波、中国教育学会中语会理事长顾之川发表致辞。北京市语委办主任贺宏志宣读北京市语委关于成立"北京市阅读能力研究发展中心"的批复文件。李奕委员和樊希安副总经理共同为"北京市阅读能力研究发展中心"揭牌，并向市民代表赠送"北京市民语言文化阅读书系"首发图书——《奇妙的成语世界——成语文化读本》（袁钟瑞、杨学军主编）。北京市阅读能力研究发展中心的成立，是北京

市语委深入推进全民阅读、建设书香社会的重要举措。该中心将作为市语委的研发基地，积极致力于提升国民语言能力与推动全民阅读，并为广大市民研编优秀的语言文化作品。

【4月30日】由市语委专家委员会副主任、北京语言文化建设研究中心主任张维佳教授主持的市语委重大项目——"北京语言文化数字博物馆建设"项目开题会在北京语言大学举行。市语委办主任贺宏志对该项目的研发目标及质量提出了明确要求。来自市文物局的博物馆专家和科大讯飞的信息化专家分别从博物馆专业、信息技术专业方面提出了建设性意见。

【5月5日】"中华经典资源库"第二期项目（地方篇目）第二次工作研讨会在山东烟台召开。7省市语委办负责同志及地方篇目制作单位、资源库项目组专家、教育部语用司文字处、人民教育出版社相关负责同志参加会议。市语委办主任贺宏志与会交流了北京一期项目建设成果及体会，汇报了北京二期篇目脚本撰写及节目制作筹备进展情况。

【5月14日至15日】"2015中国汉字听写大会"全国巡回赛北京市冠军赛在北京航空航天大学举行。经过两天的激烈角逐，顺义区牛栏山一中实验学校杨婉婷，中国人民大学附属中学高禹观、李岱宸、向致远，密云三中王可盈五名选手从比赛中脱颖而出，将代表北京市参加第三届《中国汉字听写大会》全国总决赛。北京市语委办主任贺宏志，实力文化总经理、《中国汉字听写大会》制片人吕雁，接力出版社总编辑白冰为五位获胜选手颁发奖状与奖品。

【5月29日至30日】朝阳区语委办在全市率先启动中小学教师普通话水平提升培训工作，首期参训学员80名。市语委办主任贺宏志出席开班仪式并做动员讲话。

【5月】市语委办支持朝阳区教委、区语委积极开展汉语文化国际传播工作，向朝阳区辖内的全部国际学校以及公办学校国际师生，赠阅商务印书馆出版的2014年至2016年全套 The World of Chinese (《汉语世界》)，助力"中国优秀传统文化走出去"。

【6月4日】市教委、市语委印发《关于加强高等学校语言文化建设的意见》，指导各高校明确高校语言文化建设的内涵和意义，认识高校语言文化建设的现状与存在的问题，切实加强高校语言文化建设，努力创建语言文字规范化示范校。

【6月4日】京津冀语言文字工作协同发展座谈会暨国家语言文字事业"十三五"规划征求意见座谈会在河北省张家口市举行。京津冀语委负责同志在会上签订了《京津冀语言文字事业协同发展战略协议书》。教育部语用司司长姚喜双出席会议并讲话，他指出，京津冀语言文字事业协同发展战略协议的签订，是落实习近平总书记系列讲话精神和"四个全面"战略的一个重要举措，也是开展"三严三实"专题教育的一项务实成果，体现了京津冀三地语言文字工作部门围绕中心、服务大局的主动性和自觉性。会议围绕《国家语言文字事业"十三五"规划（征求意见稿）》展开研讨。北京市语委办主任贺宏志、副处长安晶晶代表北京市语委参加了座谈会。

【6月23日】北京语言大学语言学及应用语言学专业三位

硕士研究生论文开题会举行。市语委办主任、北京语言大学语言学及应用语言学专业硕士研究生导师贺宏志博士应邀作为专家组组长指导论文开题。

【6月24日至25日】市语委办召开年中工作会。会议总结了上半年各项工作开展情况，强调下半年要围绕年度工作要点所部署的任务，扎实做好第18届推普周宣传活动、语言文字规范化示范校创建活动、中小学生诵读演讲辩论俱乐部活动、语言文化主题校园建设观摩及《国家通用语言文字法》颁布15周年纪念活动等重点工作。各区县语委办、部分高校有关部门负责同志参加了会议。

【6月26日】为开展群众路线和"三严三实"主题教育实践活动，市语委办党支部联合致公党西城区委第15支部与密云县东邵渠中心小学继续开展"1＋1"支部共建活动。市语委办党支部书记安晶晶致辞。市语委办主任、致公党西城区委主委贺宏志率致公党党员代表参加了活动。四年来，此项共建活动累计为该校师生赠送总价值近4万元的语言文化工具书和课外读本，并为该校设立致公鸿屹助教助学金3.6万元。

【7月12日】第三届中华吟诵周开幕式在首都师范大学体育馆举行。来自世界各地的1000多位传统吟诵调传承人、吟诵理论家、吟诵推广志愿者和吟诵爱好者在这里汇聚一堂，共襄盛举。中宣部王世明副部长出席活动并发表讲话。市教委委员李奕、首都师范大学校长宫辉力分别致欢迎词。来自中国大陆、中国台湾和日本的吟诵专家和吟诵团进行了精彩的表演。由北京市教委、市语委支持的中华吟诵周是集吟诵

研究、教育、展演为一体的大型文化教育公益活动。

【7月】由贺宏志博士主持的"北京市民语言文化阅读书系"之《奇妙的成语世界——成语文化读本》（袁钟瑞、杨学军主编，商务印书馆出版）荣登2015年第四期"中版好书榜"。

【8月】作为北京语言文化资源普查的阶段性成果，市语委办整理了《北京市语言类非物质文化遗产名录》。

【9月9日】科大讯飞承担的国家语委项目"智能语音技术在中小学普通话水平测试中的应用研究"验收鉴定会在合肥举行。北京市语委办主任贺宏志博士应邀担任鉴定专家组成员。

【9月25日】由河北省教育厅、省语委、省硬笔书法协会共同举办的"河北省首届师生规范汉字书写大会暨京津冀师生规范汉字书写作品展览"在河北外国语学院举行。大会主题为"书写规范汉字，传承中华文化"，通过作品展览、公益讲堂、现场书写等方式，普及汉字文化和规范书写知识，全面提高广大师生汉字书写水平，传承和弘扬中华优秀传统文化。这是2015年6月《京津冀语言文字事业协同发展战略协议书》签订后三地加强语言文字工作协作与共享的开端。北京市语委办安晶晶副处长和北京市师生代表赴石家庄参加了本次活动。

【9月29日】教育部语信司召开推进"一带一路"建设语言战略研究行动专家研讨会。贺宏志博士应邀出席，就发展我国语言会展业、举办语言产业国际博览会服务"一带一路"建设发表了意见。

【9月29日】市语委办主任贺宏志召集北京语言产业研究中心团队研讨推进若干行业语言文化建设标准和语言服务规

范的研制工作，听取了研究团队前一阶段工作汇报，并安排了研究成果的培训转化事项。

【10月10日】市语委办主任贺宏志在朝阳区语委办主任韩斌的陪同下，考察了朝阳区东风公园，与公园管理方共同探讨了建设语言文化主题公园的可行性。

【10月26日】由北京语言文化建设促进会承担的市语委重大研发项目"面向基础教育和社会公众的规范汉字听说读写辅助训练系统（第一期）"验收鉴定会举行，教育部教育信息管理中心副主任曾德华主持验收鉴定会，专家组对项目开发成果给予了高度评价，并对项目第二期的研发提出了指导意见。市语委办主任贺宏志出席验收鉴定会。

【11月8日】朝阳区语委办公室和社区教育领导小组办公室联合举办了第二届"老少共圆中国梦——成语文化龙门阵竞赛"。教育部语用所副所长吕同舟、中国语文报刊协会会长王晨、市语委办主任贺宏志和区教委副主任付琳等出席活动。中国语文现代化学会会长靳光瑾、顾问袁钟瑞等专家受邀担任评委。"成语文化龙门阵竞赛"是朝阳区2015年全民终身学习活动周的内容之一，也是朝阳区老年教育和隔代教育实践活动之一。

【11月10日】市语委办在市教委召开区县语委办负责人工作会。会议主要部署了第九批北京市语言文字规范化示范校调研检查（11月）和京津冀中小学生诵读演讲辩论赛（12月）两项工作。

【11月17日至19日】市语委办检查调研组深入基层学

校，先后对平谷、顺义、密云、怀柔、房山、门头沟创建北京市语言文字规范化示范校工作进行了检查调研。检查调研组听取了各区语委办及各示范创建学校的工作汇报，并通过座谈交流、查阅档案、观摩学生语言文化活动和教师课堂教学、参观校园语言文化环境，对各区、各校的示范创建工作给予了充分的肯定，对今后工作的开展提出了进一步的希望和指导意见。

【11月24日至27日】由市语委与市公园管理中心联合主办，北京语言文化建设促进会、北京语言产业研究中心、北京市绿地公园协会承办的公园旅游业语言服务规范培训会分两期举行，来自市公园管理中心机关、各市属公园及区县园林绿化单位、市绿地公园协会会员单位的300余人参加。市语委办贺宏志主任、首都师范大学李艳副教授、市政府办公厅孟伟杰副巡视员、市绿地公园协会编辑部主任陶鹰等专家，分别就"语言文化与公园语言文化建设""公园旅游语言服务规范""公文格式与写作""信息文稿撰写"等内容进行了深入浅出的讲解，从口头语言、书面语言、语言环境、语言文化活动等方面，对公园机构工作者语言服务进行了培训。培训会还给每位参训学员提供了《语言与国家》《通用规范汉字字典》《公文写作点津》《奇妙的成语世界——成语文化读本》等实用性很强的语言文化读物。《公园旅游语言服务规范》是贺宏志博士主持的国家语委重点项目"行业语言服务的理论研究与规范制定"的成果之一，此项培训是语言文字工作深入行业、服务社会的新开拓，提高了公园旅游行业从业者的语言服务规范意

识，对加强公园语言文化建设、提高公园服务水平具有指导意义。

【11月29日】首届京津地区中学生辩论赛决赛在北师大附属实验中学举行。北京中学和北师大附属实验中学辩论队以"宁鸣而死还是宁默而生"为题展开冠军争夺赛。北京中学夺得了冠军，北京中学申银珍同学荣获全程最佳辩手。市教委委员李奕、市教委语言文字工作处副处长安晶晶、西城区教育督导室副主任王大庆、西城区语委办主任郎凯及北师大附属实验中学领导出席。李奕委员在致辞中表达了对中学生辩论活动的肯定，期待通过这样的活动有效提高学生的思辨能力和语文综合素养。

【12月12日】京津冀中小学生诵读演讲辩论赛在芳草地国际学校双花园校区举行。北京市教委委员李奕出席并讲话，教育部语用司综合处、宣教处负责同志出席。北京语言大学教授张维佳、中国语文现代化学会顾问袁钟瑞、首都师范大学教授杨学军、媒体评论员央视国际大学生群英辩论会赛事顾问张佳鹏等专家担任评委。京津冀语委办负责同志以及三地参赛学生150余人参加了活动。为纪念《中华人民共和国国家通用语言文字法》颁布15周年，落实京津冀语言文字事业协同发展战略协议，北京市语委发起举办了京津冀中小学生诵读演讲辩论赛。此次活动针对不同学段学生的特点，分别设计了小学生诵读、初中生演讲和高中生辩论的环节。朝阳区芳草地国际学校获得小学生诵读比赛一等奖，顺义区牛栏山一中获得初中生演讲比赛一等奖，天津市第四十二中学、

河北省石家庄二中、北师大附属实验中学和人大附中获得高中辩论邀请赛优胜奖。承办与协办单位朝阳区语委办、芳草地国际学校获得优秀组织奖。

【12月17日】北京市国学教育师资培训通州培训班结业式在区教师研修中心实验学校举行,市教委委员李奕、市教委语言文字工作处副处长安晶晶、首都师范大学国学教育学院院长赵敏俐、通州区教委副主任王秀东等领导、专家和学员共计150余人参加了结业式。与会领导随机抽查培训班三位学员李瑶、杨帆、梁杰进行了即兴吟诵表演。李奕委员在讲话中充分肯定了通州区国学教育师资培训班的培训效果,并期待吟诵在语文教学中助力学生语文综合素养的提升。本次培训班的成功举办促进通州区国学教育的师资团队走向专业发展之路。

【12月26日】由市语委主办、北京语言文化建设促进会承办的北京市中小学生系列辩论赛决赛在北京电视台演播厅成功举行,市教委委员李奕出席并为冠亚军团队、最佳辩手颁奖。全国大专辩论赛及第六届亚太华语大专辩论赛优秀辩手冯若谷、中国人民大学教授涂光晋担任评委。辩论赛是以学生自主学习、自发探讨、自我评价为导向,旨在提高学生语言表达能力的创新型大赛。经过激烈角逐,北京中学的何心婉和左其馨、北京八中的刘知行被评为最佳辩手。人大附中、北京八中和北京中学三所学校获得优秀组织奖。历时半年的北京市中小学生系列辩论赛成功落下帷幕。决赛实况定于2016年1月9日晚在北京电视台科教频道播出。

北京市语言文字工作大事记
(1986年至2016年)

【12月30日】为充分发挥优秀裁判文书对审判工作的总结、示范、指导作用，促进法官认真履行审判职责，市高级法院召开"北京法院优秀裁判文书百佳奖表彰会"，对100篇优秀裁判文书进行表彰。北京市人大代表、市语委办主任贺宏志应邀担任评委，出席表彰会并对获奖文书从语言文字应用规范化角度进行了点评，认为北京法院百佳裁判文书语言运用精当、说理内容流畅，展示了首都法官优秀的职业素养，是北京法院主动接受监督、提升司法公信的重要体现。

【12月31日】市教委、市语委印发《关于认定北京市第九批语言文字规范化示范校的通知》。根据《北京市语言文字规范化示范校创建评估标准》，通过学校创建与申报、区语委检查与推荐、市语委专家组审阅申报材料及抽查调研等环节，经研究，认定北京市第六十五中学等61所学校为第九批北京市语言文字规范化示范校。至此，北京市语言文字规范化示范校达300所，约占全市各级各类学校的10%。

【本年度】全年共67159人次参加普通话水平测试。截至2015年底，本市累计达65万人次参加了普通话水平测试。测试人群包括教师、大学生、公务员、播音员与主持人、公共服务行业人员等。

2016年

【1月12日至13日】语言文字工作培训会暨市语委办2016年工作会举行。市教委委员李奕出席会议并讲话，各区教委分管副主任及语委办负责人参加。会议总结了2015年度

工作，解读2016年工作要点。八个区做了工作交流发言。会议还部署了2013至2015年度北京市语言文字工作先进集体和先进个人评选表彰工作。各区语委办工作人员以及来自高校、中小学的教师代表共160余人参加培训会。首都师范大学李艳副教授、市政府办公厅孟伟杰副巡视员、商务印书馆周洪波总编辑分别就"语言服务与教师语言服务""公文格式与写作""当前社会语言生活热点问题及思考"做专题讲座。培训会给每位参训学员提供了《常用语言文字规范手册》《语言与国家》《通用规范汉字字典》《奇妙的成语世界——成语文化读本》等实用性很强的语言文化读物及以"教师语言素养"为主要内容的《培训手册》。

【1月20日】由贺宏志博士承担的国家语委重点委托项目"行业语言服务的理论研究与规范制定"举行验收鉴定会。首都师范大学副校长周建设教授担任专家组组长，成员有北京语言大学张维佳教授、北京师范大学王立军教授、商务印书馆周洪波总编辑、《语言文字应用》叶青编审。项目组全体成员参加了会议。专家组对项目研究取得的成果给予了高度评价，认为成果丰硕，既有理论的开拓创新，又有行业语言服务规范制定的尝试，成果被及时运用于医疗机构、公园旅游、学校教学领域的培训推广，有效地指导了实际工作。

【1月20日】市语委研究项目"北京语言生活状况报告"选题审定会举行，市语委办主任贺宏志主持会议。教育部语信司副司长田立新、处长易军出席会议。项目主持人北京师范大学王立军教授就框架设计、选题安排做了总体汇报，各分

篇撰稿人对选题做了具体介绍。首都师范大学副校长周建设教授作为审定专家发表了真知灼见。商务印书馆余桂林主任代表出版方从出版业务角度提出了建议。田立新副司长提出了指导意见,对我国首部城市版语言生活状况报告的出版充满期待,希望项目组做出高质量有特色的成果,并注意在选题内容和时间进度方面与国家语委绿皮书《中国语言生活状况报告》整体衔接。

【3月23日】市教委及市语委副主任李奕、市语委办主任贺宏志在市政府向副市长、市语委主任王宁汇报请示语言文字工作。王宁同志对做好我市语言文字工作提出要求,他指出语言文字工作要与中华优秀传统文化、北京丰富的地域特色文化资源、北京市大文化工作、京津冀教育文化事业协同发展等方面很好地结合起来,并对开好2016年的市语委全委会做出了具体指示。

【3月31日】北京市民政局发出《行政许可决定书》,准予筹备成立市语委领导下的"北京语言文字工作协会"。

【4月6日】市语委办召集清华大学、北京航空航天大学、北京工业大学有关方面负责人座谈商讨,协调布置将于6月初在河北省秦皇岛市举办的"京津冀理工类高校魅力汉语大会"组队、训练等具体事项。

【4月7日】市语委副主任李奕、市语委办副处长安晶晶出席在河北省沧州市举行的京津冀语言文字事业协同发展研讨会,京津冀三地达成了11个语言文字事业协同发展项目。

【4月28日】市语委办召开各区语委办负责人工作会,围

绕纪念北京市语言文字工作委员会成立三十周年,部署市语委全委会筹备、第 19 届"推普周"宣传品制作等工作,明确各区所承担的工作任务。随后还将召开有关高校的工作布置会。

北京市语言文字工作委员会发文目录
(1991 年至 2016 年)

京语办字〔1991〕1 号	关于贯彻落实李鹏总理对《少年儿童们希望消灭公共场所的错别字》一文批示的请示
京语办字〔1991〕4 号	关于转发国家语委、国家教委《关于小学普及普通话的通知》的通知
京语办字〔1991〕5 号	关于转发国家语委、国家教委《关于对中等师范学校普及普通话工作进行检查验收的通知》的通知
京教办字〔1991〕65 号	关于转发国家教委等三单位《关于组织中小学生开展城市社会用字宣传和调查活动的通知》的通知
京语办字〔1992〕2 号	关于转发门头沟区教育局《关于小学普及普通话五年规划》的通知
京语办字〔1992〕5 号	关于转发国家体委、国家语委《关于在各种体育活动中正确使用汉字和汉语拼音的规定》的通知

京语办字〔1992〕6号	关于转发国家语委、国家教委《关于对高等师范院校普及普通话工作进行检查评估的通知》的通知
京语办字〔1992〕7号	关于转发国家语委、国家教委《关于公布全国中等师范学校普及普通话工作抽查结果的通知》的通知
京语办字〔1992〕8号	关于转发国家语委、国家教委《关于进一步做好中等师范学校普及普通话工作的通知》的通知
京语办字〔1992〕9号	关于北京市社会用字管理先进单位、先进个人名额分配的通知
京教办字〔1992〕1号	关于转发国家教委《关于全国教育系统进一步加强语言文字规范化工作的通知》的通知
京教办字〔1992〕10号	关于转发国家教委基教司《关于印送人民日报〈情况汇编〉第17期〈要大力推广普通话〉一文的函》的通知
京教法字〔1993〕1号	关于报审《北京市公共场所用字管理暂行规定(草案)》的请示
京语办字〔1993〕2号	关于对商店经理、美工、广告设计等人员进行社会用字规范化培训的通知
京语办字〔1993〕4号	关于转发国家语委、国家教委《关于普通中学普及普通话的通知》的通知
京语办字〔1993〕5号	关于请北京市市容监察大队及其下属部门对《北京市社会用字管理暂行规定》进行执

北京市语言文字工作委员会发文目录
(1991年至2016年)

	法的请示
京语办字〔1993〕6号	关于举办北京市十个远郊区县师范学校师范生语言文字知识竞赛的通知
京语办字〔1993〕7号	关于为骡马市大街和西单北大街竖立"社会用字规范化大街"名称标志牌的请示
京语办字〔1993〕8号	关于北京市普教系统进一步加强汉字规范化工作的通知
京语办字〔1993〕9号	关于北京市社会用字管理先进集体、先进个人名额分配的通知
京语办〔1994〕1号	关于转发国家语委、国家教委《关于职业中学普及普通话的通知》的通知
京语办〔1994〕2号	关于举办北京市中小学生语言文字知识竞赛的通知
京语办〔1994〕4号	关于宣传《北京市公共场所用字管理暂行规定》的请示
京语办〔1994〕5号	关于各区县加强语言文字工作机构行政管理职能的通知
京语办〔1994〕6号	关于宣传《北京市公共场所用字管理暂行规定》的通知
京语办〔1994〕7号	关于对公共场所用字执法所用委托书的请示
京语办〔1994〕8号	关于举办北京市语言文字规范化知识有奖竞赛的通知
京语办〔1994〕9号	关于加强2号令宣传工作的请示

京语办〔1994〕10 号	关于对公共场所不规范用字实行罚款有关问题的通知
京语办〔1994〕11 号	关于摘掉立交桥不规范用字桥名牌的函
京语办〔1994〕12 号	关于摘掉立交桥不规范用字桥名牌的请示
京语办〔1994〕13 号	关于进行全市公共场所用字检查验收的通知
京语办〔1994〕14 号	关于北京市社会用字管理先进集体、先进个人名额分配的通知
京语办〔1994〕16 号	关于公共场所用字检查验收结果的通知
京语办〔1995〕1 号	关于参加"1995 年全国语言文字规范知识竞赛"的通知
京语办〔1995〕2 号	关于转发国家语委、国家教委、广电部《关于开展普通话水平测试工作的决定》的通知
京语办〔1995〕4 号	关于 1995 年公共场所用字检查验收的通知
京语办〔1995〕5 号	关于举办北京市第一期普通话水平测试员资格考核培训班的通知
京语办〔1995〕6 号	关于转发第四次世界妇女大会中国组委会、国家语委《关于在第四次世界妇女大会期间正确使用语言文字的通知》的通知
京语办〔1995〕7 号	关于公共场所使用商标定型字的通知
京语办〔1995〕8 号	关于转发国家语委语用司、国家教委师范教育司《关于举办首届全国教师朗诵大赛的通知》的通知

京语办〔1995〕9号	关于转发国家语委语用司、国家教委师范教育司《关于举办全国师范院校普及普通话工作优秀论文评选活动的通知》的通知
京语办〔1995〕11号	关于召开"北京市公共场所用字管理总结表彰会"的请示
京语办〔1996〕1号	关于评选北京市公共场所用字管理先进集体、先进个人及其名额分配的通知
京语办〔1996〕5号	关于表彰北京市语委系统先进集体、先进个人及其名额分配的通知
京语办〔1996〕6号	关于举办北京市第二期普通话水平测试员资格考核培训班的通知
京语办〔1996〕8号	关于转发国家语委语用司、国家教委师范教育司《关于举办全国师范院校普及普通话工作优秀论文评选活动的通知》的通知
京语办〔1996〕9号	关于表彰北京市语委系统先进集体、先进个人的决定
京语办〔1996〕10号	关于师范生开展普通话水平测试工作的补充通知
京语办〔1996〕11号	关于更改北京西站罗马字母拼写的报告
京语办〔1996〕12号	关于更改北京西站罗马字母拼写的函
京语办〔1996〕13号	关于1996年公共场所用字检查的通知
京语办〔1996〕14号	关于公共场所用字管理中若干需要加强管理的问题的通知

京语办〔1996〕15号	关于商请市工商局协助更改含不良文化倾向牌匾的函
京语办〔1996〕16号	关于1996年下半年公共场所用字检查的通知
京语办〔1996〕18号	关于在我市师范学校97届毕业生中开展普通话水平测试工作的通知
京语办〔1996〕19号	关于对下半年公共场所用字检查中发现的不规范用字进行复查的通知
京语办〔1996〕20号	关于认真处理市民来信的通知
京语办〔1996〕21号	关于在首都师范大学97届毕业生中开展普通话水平测试工作的通知
京语办〔1996〕22号	关于设置语言文字宣传牌的通知
京语办〔1996〕23号	关于表扬西城区语委卓有成效地管理不规范商标注册字的通报
京语办〔1996〕24号	关于管理不规范商标注册字的通知
京语办〔1996〕25号	关于商改蓝岛大厦牌匾不规范用字的函
京语办〔1996〕26号	关于商请北京市工商行政管理局协助改正"萍果店""＊＊家私"牌匾中错别字的函
京语办〔1996〕27号	关于评选1996年北京市社会用字管理先进集体、先进个人及其名额分配的通知
京语办〔1996〕28号	关于编写《我与语言文字》的通知
京语办〔1996〕29号	关于华联商厦牌匾用字的意见
京语办〔1996〕30号	关于对下半年公共场所用字检查中发现的不规范用字进行第三次检查的通知

京教语办〔1996〕3号	关于在北京市师范学校应届毕业生中开展普通话水平测试工作的通知
京教语办〔1996〕4号	关于在首都师范大学开展普通话水平测试试点工作的通知

京语办〔1997〕1号	关于对华联商厦实施处罚的请示
京语办〔1997〕2号	关于依据国家文字法律法规解决华联商厦牌匾用字问题的报告
京语办〔1997〕3号	关于印发《市语委1997年工作计划》的通知
京语办〔1997〕4号	关于在北京商业企业中开展创建"社会用字规范化单位"活动的通知
京语办〔1997〕5号	关于转发《关于转发国家工商局〈关于规范企业名称和商标、广告用字的通知〉的通知》的通知
京语办〔1997〕6号	关于对北京市22家商场社会用字进行复查的通知
京语办〔1997〕7号	关于对我市公共场所用字进行调查统计的通知
京语办〔1997〕8号	关于举办北京市第三期普通话水平测试员资格考核培训班的通知
京语办〔1997〕9号	关于"华联商厦"必须遵守北京市文字法规,限期摘除不规范用字牌匾的通知
京语办〔1997〕10号	关于1996年公共场所用字检查中发现的不规范用字治理改正情况的通知

京语办〔1997〕11 号	关于参加首届全国规范汉字书写大赛的通知
京语办〔1997〕12 号	关于 1997 年上半年公共场所用字检查的通知
京语办〔1997〕13 号	关于参加首届全国规范汉字书写大赛的补充通知
京语办〔1997〕14 号	关于转发丰台区语委《关于在丰台区中小学、幼儿园、职业高中、成人学校开展"社会用字规范化单位"达标工作的意见》的通知
京语办〔1997〕15 号	关于授予北京市 22 家商场"社会用字规范化单位"奖牌的通知
京语办〔1997〕16 号	关于在我市师范学校 98 届毕业生中开展普通话水平测试工作的通知
京语办〔1997〕17 号	关于在首都师范大学开展书写规范汉字和书面表达技能考核试点工作的通知
京语办〔1997〕18 号	关于开展全市语言文字检查工作的通知
京语办〔1997〕19 号	关于评选 1997 年北京市语言文字管理先进集体、先进个人及其名额分配的通知
京教语〔1997〕1 号	关于实行有关专任教师持普通话水平等级证书上岗制度的通知
京语办〔1998〕1 号	关于举办北京市第四期普通话水平测试员资格考核培训班的通知

北京市语言文字工作委员会发文目录
(1991年至2016年)

京语办〔1998〕3号	关于授予北京市19家商场"社会用字规范化单位"奖牌的通知
京语办〔1998〕4号	关于印发《关于专任教师普通话水平测试实施意见(试行)》的通知
京语办〔1998〕5号	关于设立"首都师范大学普通话培训测试中心"的通知
京语办〔1998〕6号	关于举办北京市第五期普通话水平测试员资格考核培训班的通知
京语办〔1998〕7号	关于开展上半年公共场所用字检查的通知
京语办〔1998〕8号	关于专任教师普通话水平测试工作中需要注意的问题的通知
京语办〔1998〕9号	关于我市部分成人中等、高等学校专任教师参加普通话水平测试工作的通知
京语办〔1998〕10号	关于专任教师普通话水平测试中两项工作的通知
京语办〔1998〕11号	关于对我市高等学校、中等专业学校专任教师情况进行调查的通知
京语办〔1998〕12号	关于印发《首届全国推广普通话宣传周宣传提纲、宣传口号》的通知
京语办〔1998〕13号	关于转发《关于开展全国推广普通话宣传周活动的通知》的通知
京语办〔1998〕14号	关于对我市师范学校99届毕业生进行普通话水平测试的通知
京语办〔1998〕15号	关于授予北京市27家商业单位"社会用字规范化单位"奖牌的通知

京语办〔1998〕16号	关于专任教师普通话水平测试中录音磁带复审工作的通知
京语办〔1998〕17号	关于专任教师普通话水平测试中若干问题的通知
京语办〔1998〕18号	关于对我市师范学校99届毕业生进行普通话水平测试的补充通知
京语办〔1998〕19号	关于1998年下半年社会用字检查验收的通知
京语办〔1998〕20号	关于评选1998年北京市语言文字工作先进集体、先进个人的通知
京语办〔1998〕21号	关于测试员掌握测试评分标准若干问题的通知
京语办〔1999〕1号	关于授予丰台区语委、西城区语委、海淀区语委"北京市语言文字工作先进集体"称号的通知
京语办〔1999〕2号	关于授予北京市27家商业单位"社会用字规范化单位"奖牌的通知
京语办〔1999〕3号	关于授予北京市24所医院"社会用字规范化单位"奖牌的通知
京语办〔1999〕4号	关于印发《北京市语委1999年工作要点》的通知
京语办〔1999〕6号	关于对我市高等学校、中等专业学校专任教师情况进行调查的通知

北京市语言文字工作委员会发文目录
(1991年至2016年)

京语办〔1999〕7号	关于举办北京市第六期普通话水平测试员资格考核培训班的通知
京语办〔1999〕8号	关于举办首届北京市专任教师普通话朗诵比赛的通知
京语办〔1999〕9号	关于首届北京市专任教师普通话朗诵比赛评分标准等问题的通知
京语办〔1999〕10号	关于北京市第六期普通话水平测试员资格考核培训班结业情况的通知
京语办〔1999〕11号	关于恢复使用《普通话水平等级证书》的建议
京语办〔1999〕12号	关于1999年上半年社会用字检查验收的通知
京语办〔1999〕13号	关于编写《我与普通话》的通知
京语办〔1999〕14号	关于我市首届专任教师普通话朗诵比赛决赛阶段安排的通知
京语办〔1999〕15号	关于我市首届专任教师普通话朗诵比赛评比结果及获奖情况的通知
京语办〔1999〕16号	关于授予北京市43家商业单位"社会用字规范化单位"奖牌的通知
京语办〔1999〕17号	关于授予北京市30所医院"社会用字规范化单位"奖牌的通知
京语办〔1999〕18号	关于转发《关于开展第二届全国推广普通话宣传周活动的通知》的通知
京语办〔1999〕19号	关于1999年下半年社会用字检查验收的通知

京语办〔1999〕20号	关于报送专任教师普通话水平测试总结及测试成绩统计的通知
京语办〔1999〕21号	关于对我市师范学校97级学生进行普通话水平测试的通知
京语办〔1999〕22号	关于编写《百家商场社会用字达标记》的通知
京语办〔1999〕23号	关于评选1999年北京市语言文字工作先进集体、先进个人的通知
京语办〔1999〕24号	关于评选1999年语言文字工作先进区县的通知
京语办〔1999〕25号	关于授予北京市36家商业单位"社会用字规范化单位"奖牌的通知
京语办〔1999〕26号	关于授予北京市30所医院"社会用字规范化单位"奖牌的通知
京语办〔2000〕1号	关于1999年度区县语言文字工作评选结果的通知
京语办〔2000〕2号	关于印发北京市语言文字工作委员会2000年工作要点的通知
京语办〔2000〕3号	关于转发教育部办公厅等11部门《关于开展中国语言文字使用情况调查的通知》的通知
京语办〔2000〕4号	关于中国语言文字使用情况调查工作任务量的通知

北京市语言文字工作委员会发文目录
(1991年至2016年)

京语办〔2000〕5号	关于举办第二届北京市专任教师普通话朗诵比赛的通知
京语办〔2000〕6号	关于2000年上半年社会用字检查验收的通知
京语办〔2000〕7号	关于第二届北京市专任教师普通话朗诵比赛有关事项安排的通知
京语办〔2000〕8号	关于授予北京市35家商业企业与旅游景点"社会用字规范化单位"奖牌的通知
京语办〔2000〕9号	关于授予北京市32所医院"社会用字规范化单位"奖牌的通知
京语办〔2000〕10号	关于转发《关于开展第三届全国推广普通话宣传周活动的通知》的通知
京语办〔2000〕11号	关于2000年下半年社会用字检查验收的通知
京语办〔2000〕12号	关于授予北京市38家商业企业与旅游景点"社会用字规范化单位"奖牌的通知
京语办〔2000〕13号	关于授予北京市24所医院"社会用字规范化单位"奖牌的通知
京语办〔2000〕14号	关于北京市专任教师普通话水平测试工作总结表彰的通知
京语办〔2000〕15号	关于评选2000年北京市语言文字工作先进集体、先进个人的通知
京语办〔2000〕16号	关于对丰台区语委、西城区语委予以嘉奖的通知

京语办〔2001〕1号	关于授予北京市专任教师普通话水平测试先进集体、先进个人荣誉称号的通知
京语办〔2001〕2号	关于印发北京市语言文字工作委员会2001年工作要点的通知
京语办〔2001〕3号	关于区县语言文字工作机构设置的建议
京语办〔2001〕4号	关于高等院校普通话水平测试试点工作安排的通知
京语办〔2001〕5号	关于2001年上半年对语言文字应用情况进行检查的通知
京语办〔2001〕6号	关于2001年上半年对语言文字应用情况进行检查的补充通知
京语办〔2001〕7号	关于对社会人员开展普通话水平测试的通知
京语办〔2001〕8号	北京地区高等学校普通话水平测试实施细则
京语办〔2001〕9号	关于授予北京市45家公共服务单位"社会用字规范化单位"奖牌的通知
京语办〔2001〕10号	关于对大兴黄村四中等11所中小学普通话教学予以表扬的通知
京语办〔2001〕11号	关于转发《关于开展第四届全国推广普通话宣传周活动的通知》的通知
京语办〔2001〕12号	关于举办"我与普通话"有奖征文的通知
京语办〔2001〕13号	关于推广国际符号系统建议的汇报
京语办〔2001〕14号	关于首届全国普通话水平测试学术研讨会

北京市语言文字工作委员会发文目录
(1991年至2016年)

	征集论文的通知
京语办〔2001〕15号	关于2001年下半年社会用字检查验收的通知
京语办〔2001〕16号	关于2001年下半年社会用字检查验收的补充通知
京语办〔2001〕17号	关于评选2001年北京市语言文字工作先进集体、先进个人的通知
京教语〔2001〕1号	关于在北京地区高等学校开展普通话水平测试工作的通知

京语办〔2002〕1号	关于印发市语委2002年工作要点的通知
京语办〔2002〕2号	关于印发《全面部署开展语言文字工作评估的通知》的请示
京语办〔2002〕3号	关于转发《教育部等七部门关于开展第五届全国推广普通话宣传周活动的通知》的通知
京语办〔2002〕4号	关于印发《北京市语言文字工作"十五"规划》的通知
京语办〔2002〕5号	关于印发《北京市区县、市属委办局实施〈一类城市语言文字工作评估标准细则〉》的通知
京语办〔2002〕6号	关于对市属委办局语言文字工作进行初评检查的通知
京语办〔2002〕7号	关于对北京市人民政府机关语言文字工作进行初评检查的报告
京语办〔2002〕8号	关于对首都师范大学语言文字工作进行初

	评检查的通知
京语办〔2002〕9号	关于对北京市新闻出版局语言文字工作评估的认定意见
京语办〔2002〕10号	关于迎评自查工作中有关问题的通知
京语办〔2002〕11号	关于商请规范印章用字的函
京语办〔2002〕12号	关于对首都精神文明建设委员会办公室语言文字工作评估的认定意见
京语办〔2002〕13号	关于对北京市人事局语言文字工作评估的认定意见
京语办〔2002〕14号	关于对北京市质量技术监督局语言文字工作评估的认定意见
京语办〔2002〕15号	关于对北京市卫生局语言文字工作评估的认定意见
京语办〔2002〕16号	关于对北京市公安局语言文字工作评估的认定意见
京语办〔2002〕17号	关于对北京市市政管理委员会语言文字工作评估的认定意见
京语办〔2002〕18号	关于对北京市商业委员会语言文字工作评估的认定意见
京语办〔2002〕19号	关于对北京市旅游局语言文字工作评估的认定意见
京语办〔2002〕20号	关于对北京市园林局语言文字工作评估的认定意见
京语办〔2002〕21号	关于对北京市工商行政管理局语言文字工作评估的认定意见

北京市语言文字工作委员会发文目录

(1991年至2016年)

京语办〔2002〕22号	关于对北京市文化局语言文字工作评估的认定意见
京语办〔2002〕23号	关于对北京市公交调度指挥中心语言文字工作评估的认定意见
京语办〔2002〕24号	关于对北京市广播电视局语言文字工作评估的认定意见
京语办〔2002〕25号	关于对北京电视台语言文字工作评估的认定意见
京语办〔2002〕26号	关于对北京市人民政府办公厅语言文字工作评估的认定意见
京语办〔2002〕27号	关于对北京工业大学语言文字工作进行初评检查的通知
京语办〔2002〕28号	关于对西城区语言文字工作评估的认定意见
京语办〔2002〕29号	关于对东城区语言文字工作评估的认定意见
京语办〔2002〕30号	关于对朝阳区语言文字工作评估的认定意见
京语办〔2002〕31号	关于对丰台区语言文字工作评估的认定意见
京语办〔2002〕32号	关于对海淀区语言文字工作评估的认定意见
京语办〔2002〕33号	关于对石景山区语言文字工作评估的认定意见

京语办〔2002〕34 号	关于对崇文区语言文字工作评估的认定意见
京语办〔2002〕35 号	关于对宣武区语言文字工作评估的认定意见
京语办〔2002〕36 号	关于在朝阳区建国门外大街等 6 条主要大街设置中英文双语路牌的意见
京语办〔2002〕37 号	关于接受教育部、国家语委对北京市语言文字工作进行评估认定的申请报告
京语办〔2002〕38 号	关于对首都师范大学语言文字工作评估的认定意见
京语办〔2002〕39 号	关于对北京工业大学语言文字工作评估的认定意见
京语办〔2002〕40 号	关于印发市语委 2003 年工作要点的通知
京语办〔2002〕41 号	关于评选 2002 年北京市语言文字工作先进集体、先进个人的通知
京语教〔2002〕1 号	关于全面部署开展语言文字工作评估的通知
京语办〔2003〕1 号	关于转发《教育部、国家语委关于反馈对北京市语言文字工作评估认定意见的通知》的通知
京语办〔2003〕2 号	关于普通话水平测试评分中有关问题的规定及说明
京语办〔2003〕3 号	关于开展北京市二类城市(远郊区县)语言文字工作评估的通知

京语办〔2003〕4号	关于学习、宣传和贯彻《北京市实施〈中华人民共和国国家通用语言文字法〉若干规定》的通知
京语办〔2003〕5号	关于贯彻市委宣传部等五部委办局文件精神的通知
京语办〔2003〕6号	关于对房山区语言文字工作进行考查评估的通知
京语办〔2003〕7号	关于对昌平区语言文字工作进行考查评估的通知
京语办〔2003〕8号	关于确定房山区语言文字工作评估随机抽取单位的通知
京语办〔2003〕9号	关于确定昌平区语言文字工作评估随机抽取单位的通知
京语办〔2003〕10号	关于转发《教育部等八部门关于开展第六届全国推广普通话宣传周活动的通知》的通知
京语办〔2003〕11号	关于对房山区语言文字工作评估的认定意见
京语办〔2003〕12号	关于对昌平区语言文字工作评估的认定意见
京语办〔2003〕13号	关于对密云县等二类城市语言文字工作进行考查评估的通知
京语办〔2003〕14号	关于确定密云县语言文字工作评估随机抽取单位的通知
京语办〔2003〕15号	关于确定怀柔区语言文字工作评估随机抽取单位的通知

京语办〔2003〕16号	关于确定平谷区语言文字工作评估随机抽取单位的通知
京语办〔2003〕17号	关于确定大兴区语言文字工作评估随机抽取单位的通知
京语办〔2003〕18号	关于确定通州区语言文字工作评估随机抽取单位的通知
京语办〔2003〕19号	关于确定顺义区语言文字工作评估随机抽取单位的通知
京语办〔2003〕20号	关于确定门头沟区语言文字工作评估随机抽取单位的通知
京语办〔2003〕21号	关于确定延庆县语言文字工作评估随机抽取单位的通知
京语办〔2003〕22号	关于对密云县语言文字工作评估的认定意见
京语办〔2003〕23号	关于对怀柔区语言文字工作评估的认定意见
京语办〔2003〕24号	关于对平谷区语言文字工作评估的认定意见
京语办〔2003〕25号	关于对通州区语言文字工作评估的认定意见
京语办〔2003〕26号	关于对顺义区语言文字工作评估的认定意见
京语办〔2003〕27号	关于对大兴区语言文字工作评估的认定意见
京语办〔2003〕28号	关于对延庆县语言文字工作评估的认定

北京市语言文字工作委员会发文目录
(1991年至2016年)

	意见
京语办〔2003〕29号	关于对门头沟区语言文字工作评估的认定意见
京语办〔2003〕30号	关于评选2003年北京市语言文字工作先进集体和先进个人的通知

京语办〔2004〕1号	关于印发市语委2004年工作要点的通知
京语办〔2004〕2号	关于转发国家语委《关于举办〈汉语拼音理论与教学〉高级研修班的通知》的通知
京语办〔2004〕3号	关于对八城区部分单位语言文字工作进行评估检查的通知
京语办〔2004〕4号	关于举办北京市中学生语言文字公益广告制作竞赛的通知
京语办〔2004〕5号	关于对八城区党政机关语言文字工作进行评估检查的通知
京语办〔2004〕6号	关于举办普通话水平测试学术论文征集评选活动的通知
京语办〔2004〕8号	关于进一步加强语言文字管理工作的通知
京语办〔2004〕9号	关于举办北京市《普通话水平测试大纲》学习研讨班的通知
京语办〔2004〕10号	关于对东城区等区县申请建立普通话培训测试工作站的批复
京语办〔2004〕11号	关于委托首都师范大学普通话培训测试中心面向社会开展普通话水平测试及承担部分管理职能的通知

京语办〔2004〕12 号	关于对崇文区工商行政管理分局、崇文区文化委员会语言文字工作的评估意见
京语办〔2004〕13 号	关于对宣武区牛街街道办事处、宣武区城市管理监察大队语言文字工作的评估意见
京语办〔2004〕14 号	关于对朝阳区城市管理监察大队、朝阳区市政管理委员会语言文字工作的评估意见
京语办〔2004〕15 号	关于对丰台区东高地街道办事处、丰台区云岗街道办事处语言文字工作的评估意见
京语办〔2004〕16 号	关于对东城区和平里街道办事处、东城区工商行政管理分局语言文字工作的评估意见
京语办〔2004〕17 号	关于对石景山区八宝山街道办事处、石景山区苹果园街道办事处语言文字工作的评估意见
京语办〔2004〕18 号	关于对西城区卫生局、西城区人事局语言文字工作的评估意见
京语办〔2004〕19 号	关于对海淀区市政管理委员会、海淀区海淀街道办事处语言文字工作的评估意见
京语办〔2004〕20 号	关于印发规范国家行政机关公文的若干意见的通知
京语办〔2004〕21 号	关于转发《教育部等八部门关于开展第七届全国推广普通话宣传周活动的通知》的通知
京语办〔2004〕22 号	关于北京市中学生语言文字公益广告制作竞赛评选结果的通知

北京市语言文字工作委员会发文目录
(1991年至2016年)

京语办〔2004〕23号	关于举办国家通用语言文字法律法规知识竞赛的通知
京语办〔2004〕24号	关于公布普通话水平测试论文评选结果的通知
京语办〔2004〕25号	关于印发北京市普通话水平测试管理工作若干规定的通知
京语办〔2004〕26号	关于协助做好"全国语文教师语言文字基本功大赛"参赛组织工作的通知
京语办〔2004〕27号	关于印发普通话水平测试工作规程细则的通知
京语办〔2004〕28号	关于对海淀区等区县申请建立普通话培训测试工作站的批复
京语办〔2004〕29号	关于同意首都师范大学等高校建立普通话培训测试工作站的函
京语办〔2004〕30号	关于评选2004年北京市语言文字工作先进集体、先进个人和优秀测试员的通知
京语办〔2005〕1号	关于印发市语委2005年工作要点的通知
京语办〔2005〕3号	关于聘请奥组委领导担任北京市语言文字工作委员会委员的函
京语办〔2005〕4号	关于开展公务员普通话竞赛活动的通知
京语办〔2005〕5号	关于语言文字工作评估安排的通知
京语办〔2005〕6号	关于评选2005年北京市语言文字工作先进集体、先进个人和优秀测试员的通知

京语办〔2005〕7 号	关于认定北京市 2005 年语言文字工作达标单位的通知
京语办〔2005〕8 号	关于认定北京市 2005 年语言文字规范化示范校的通知
京教语〔2005〕1 号	转发《教育部、国家语委关于开展语言文字规范化示范校创建活动的意见》的通知
京教语〔2005〕2 号	转发教育部等八部门关于开展第八届全国推广普通话宣传周活动文件的通知
京教语〔2005〕3 号	关于举办全国推广普通话形象大使选拔赛（北京赛区）的通知
京语办〔2006〕2 号	关于表彰 2005 年北京市语言文字工作先进集体、先进个人和优秀测试员的决定
京语办〔2006〕3 号	关于印发《北京市语言文字工作委员会办公室 2006 年工作要点》的通知
京语办〔2006〕4 号	关于调整市语委成员单位及委员人选的通知
京语办〔2006〕5 号	关于开展八城区语言文字工作评估的通知
京语办〔2006〕6 号	关于印发赵凤桐副市长在 2006 年北京市语言文字工作委员会扩大会议上的讲话的请示
京语办〔2006〕7 号	关于给社会用字义务监督员津贴的请示
京语办〔2006〕8 号	关于印发《北京市语言文字工作"十一五"规划》的通知

北京市语言文字工作委员会发文目录
(1991年至2016年)

京语办〔2006〕9号	关于聘任北京市社会用字义务监督员的通知
京语办〔2006〕10号	关于邀请赵凤桐副市长参加第九届全国推广普通话宣传周活动的请示
京语办〔2006〕11号	北京市语委给商务印书馆的函
京语办〔2006〕12号	关于认定北京市2006年语言文字工作达标单位的通知
京语办〔2006〕13号	关于印发《北京市普通话水平测试工作协调领导小组第二次会议纪要》的通知
京教语〔2006〕2号	转发教育部等八部门关于开展第九届推广普通话宣传周活动文件的通知
京教语〔2006〕3号	关于认定北京市第二批语言文字规范化示范校的通知
京教语〔2006〕4号	关于开展第二届公务员普通话竞赛活动的通知
京语办〔2007〕1号	关于调整北京市语言文字工作委员会部分成员单位和人员的请示
京语办〔2007〕2号	关于调整市语委委员及本系统语言文字工作领导小组成员的通知
京语办〔2007〕3号	关于印发《北京市普通话测试工作协调领导小组第三次会议纪要》的通知
京语办〔2007〕4号	关于印发市语委2007年工作要点的通知
京语办〔2007〕5号	关于召开2007年北京市语言文字工作委员会扩大会议的请示

京语办〔2007〕6 号	关于举办语言文字法律法规培训班的通知
京语办〔2007〕7 号	关于开展语言文字工作评估的通知
京语办〔2007〕8 号	北京市语委给商务印书馆的函
京语办〔2007〕9 号	关于推荐国家级语言文字规范化示范校的通知
京语办〔2007〕10 号	关于推荐全国语言文字工作先进集体和先进个人的通知
京语办〔2007〕11 号	关于开展第三届公务员普通话竞赛活动的通知
京语办〔2007〕12 号	关于评选 2007 年北京市语言文字工作先进集体和先进个人的通知
京语办〔2007〕13 号	关于认定北京市 2007 年语言文字工作达标单位的通知

京语〔2008〕1 号	关于 2008 年拟任委员登记的函
京语〔2008〕2 号	关于增补委员单位的函
京语〔2008〕3 号	关于推荐专家咨询委员会人选的函
京语〔2008〕4 号	关于表彰 2007 年北京市语言文字工作先进集体、先进个人的决定
京语〔2008〕5 号	关于首都师范大学创办《语文导报·语言文字工作专刊》请示的批复
京语〔2008〕6 号	关于评选 2008 年北京市语言文字工作先进集体和先进个人的通知
京语〔2008〕7 号	关于认定北京市 2008 年语言文字工作达标单位的通知

北京市语言文字工作委员会发文目录
(1991年至2016年)

京教语〔2008〕1号	转发教育部等部门关于以传统节日为主题开展经典诵读和诗词歌赋创作活动文件的通知
京教语〔2008〕2号	转发教育部等八部门关于开展第11届全国推广普通话宣传周活动文件的通知
京教语〔2008〕3号	关于认定北京市第四批语言文字规范化示范校的通知
京语办〔2008〕1号	关于印发北京市普通话水平测试工作协调领导小组会议纪要的通知
京语办〔2008〕2号	关于机构和人员调整的请示
京语办〔2008〕3号	关于印发市语委2008年工作要点的通知
京语办〔2008〕4号	关于协助做好第三届全国教师语言文字基本功大赛参赛组织工作的通知
京语办〔2008〕5号	北京市语言文字工作委员会专家委员会第一次会议会议纪要
京语办〔2008〕6号	关于印发赵凤桐副市长在2008年北京市语言文字工作会议上的讲话的通知
京语办〔2008〕7号	关于印发《北京市社会用字义务监督员工作管理办法》的通知
京语办〔2008〕8号	关于开展语言文字工作评估的通知
京语办〔2008〕9号	关于印发北京市教育系统2008年"中华经典诵读"活动方案的通知
京语办〔2008〕10号	关于北京语言大学、北京教育科学研究院建立语言文字测试工作站的批复

京语办〔2008〕11号	关于公布北京市教育系统中华经典诵读比赛获奖名单的通知
京语办〔2008〕12号	关于公布"我与汉语拼音"征文获奖名单的通知
京教函〔2008〕292号	关于开展高等学校校园环境用字情况检查的通知
京教办函〔2008〕10号	转发教育部语用司关于做好"我与汉语拼音"征文活动文件的通知
京语〔2009〕1号	关于表彰2008年度北京市语言文字工作先进集体、先进个人的决定
京语〔2009〕2号	关于调整委员单位等相关问题的通知
京语〔2009〕3号	关于组建北京市语言文字测试中心的通知
京语〔2009〕4号	关于召开2009年市语委工作会议的请示
京语〔2009〕5号	关于印发黄卫副市长在2009年市语委工作会议上的讲话的请示
京语〔2009〕6号	关于开展第12届推广普通话宣传周集中宣传日活动的请示
京语〔2009〕7号	关于评选2009年度北京市语言文字工作优秀集体、先进集体和优秀工作者、先进工作者的通知
京语〔2009〕8号	关于印发《关于加强区县语言文字测试工作的意见》的通知
京教语〔2009〕1号	关于组织参加"中华诵2009经典诵读大赛"和"中华赞2009诗词歌赋创作大赛"的通知

北京市语言文字工作委员会发文目录
(1991年至2016年)

京教语〔2009〕2号	转发教育部等八部门关于开展第12届全国推广普通话宣传周活动文件的通知
京教语〔2009〕3号	关于公布第二批国家级语言文字规范化示范校名单的通知
京教语办〔2009〕1号	关于组织参加首届全国大中小学生规范汉字书写大赛的通知
京教语办〔2009〕2号	关于开展高等学校汉语文教学等情况专题调研的通知
京语办〔2009〕1号	关于印发市语委2009年工作要点的通知
京语办〔2009〕2号	关于推荐第二批国家级语言文字规范化示范校的通知
京语办〔2009〕3号	关于建立语言文字工作信息员队伍的通知
京语办〔2009〕4号	关于开展语言文字标准、规范备案等工作的通知
京语办〔2009〕5号	关于组织参加第三届全国高等学校学生语言文字基本功大赛的通知
京语办〔2009〕6号	关于公布首届全国大中小学生规范汉字书写大赛北京赛区获奖人员名单的通知
京语办〔2009〕7号	关于开展2009年度语言文字工作评估的通知
京语办〔2009〕8号	关于开展汉字应用水平测试试点工作的请示
京教函〔2009〕277号	关于协助出具北京市语言文字测试中心不办理独立法人资格证书证明的函

京语〔2010〕1号	关于调整委员单位等相关问题的通知
京语〔2010〕2号	关于认定北京市2009年语言文字规范化达标单位的通知
京语〔2010〕3号	关于请黄卫同志出席市语委2010年度工作会议的请示
京语〔2010〕4号	关于表彰2009年度北京市语言文字工作优秀集体和个人、先进集体和个人的决定
京语〔2010〕5号	关于成立"北京语言产业研究中心"的批复
京语〔2010〕6号	关于推进汉字应用水平测试试点工作的通知
京教语〔2010〕1号	关于认定北京市第五批语言文字规范化示范校的通知
京教语〔2010〕2号	关于组织高校学生参加语言文字水平测试的通知
京教语〔2010〕3号	关于进一步推进高等学校语言文字水平测试工作的通知
京教语〔2010〕4号	转发教育部等九部门关于开展第13届全国推广普通话宣传周活动文件的通知
京教语〔2010〕5号	关于开展汉语口语水平测试试点工作的通知
京教语办〔2010〕1号	关于组织参加第二届全国学生规范汉字书写大赛的通知
京教语办〔2010〕2号	转发教育部办公厅关于加强对行政机关公文中涉及字母词审核把关文件的通知

北京市语言文字工作委员会发文目录
(1991年至2016年)

京教语办〔2010〕3号	关于开展"中华诵·2010经典诵读大赛"活动的通知
京教语办〔2010〕4号	关于开展语言文字规范化示范校语言文化知识竞赛活动的通知
京教语办〔2010〕5号	转发教育部语用司关于开展规范汉字书写教育特色校建设文件的通知
京语办〔2010〕1号	关于印发《北京市语言文字工作委员会2010年工作要点》的通知
京语办〔2010〕2号	关于开展国家职业汉语能力测试工作的通知
京语办〔2010〕3号	关于印发黄卫、王登峰同志在2010年度北京市语言文字工作会议上的讲话的通知
京语办〔2010〕4号	关于积极推进计算机辅助普通话水平测试工作的通知
京语办〔2010〕5号	关于协助做好第四届全国教师语言文字基本功大赛参赛组织工作的通知
京语办〔2010〕6号	关于开展《中华人民共和国国家通用语言文字法》发布10周年纪念活动的通知
京语办〔2010〕7号	关于同意北京高校毕业生就业指导中心等五个单位建立语言文字测试分中心的批复
京语办〔2010〕8号	关于公布第二届全国学生规范汉字书写大赛北京赛区获奖人员名单的通知
京语办〔2010〕9号	关于征集语言文字工作创新成果的通知
京教函〔2010〕441号	转发教育部、国家语委关于在学校开展"中华诵·经典诵读行动"试点工作文件的通知

京语〔2011〕1号	关于洪峰副市长担任北京市语言文字工作委员会主任的请示
京语〔2011〕2号	关于召开2011年度北京市语言文字工作会议的请示
京语〔2011〕3号	关于成立"北京语言文化建设研究中心"的批复
京语〔2011〕4号	关于加强区县语委宣传工作的意见
京语〔2011〕5号	关于开展语言文字规范化示范街道、示范乡镇创建工作的通知
京语〔2011〕6号	关于调整北京市语委委员单位的通知
京语〔2011〕7号	关于印发洪峰副市长在2011年度北京市语言文字工作会议上的讲话的请示
京语〔2011〕8号	关于举行北京语言文化建设研究中心成立暨北京语言文化资源数据库建设启动仪式的请示
京语〔2011〕9号	关于公布首批语言文字规范化示范街道、示范乡镇创建评估结果及认定第七批语言文字规范化达标单位的通知
京语〔2011〕10号	关于开展汉语能力测试试点工作的通知
京教语〔2011〕1号	转发教育部、国家语委关于刘延东国务委员在纪念《国家通用语言文字法》颁布10周年座谈会上的讲话文件的通知
京教语〔2011〕2号	转发教育部等九部门关于开展第14届全国推广普通话宣传周活动文件的通知

北京市语言文字工作委员会发文目录

(1991年至2016年)

京教语办〔2011〕1号	关于组织参加2011全国中小学生作文大赛的通知
京教语办〔2011〕2号	关于组织参加中华诵·2011全球华人学生暨全国学生规范汉字书写大赛的通知
京教语办〔2011〕3号	关于语言文字规范化示范校开展"语言文化智力竞赛"活动的通知
京语办〔2011〕1号	关于印发《北京市语言文字工作委员会2011年工作要点》的通知
京语办〔2011〕2号	关于免费对高校学生进行普通话水平测试的请示
京语办〔2011〕3号	关于组织参加"汉口银行杯"全国"双推"漫画大赛的通知
京语办〔2011〕4号	关于公布语言文字规范化示范校知识竞赛组织奖获奖名单的通知
京语办〔2011〕5号	关于开展中国语言资源有声数据库北京建库工作的通知
京语办〔2011〕6号	关于语言文字规范化示范街道、示范乡镇评估检查工作安排的通知
京语办〔2011〕7号	关于组织参加全国"双推"博文评比活动的通知
京语办〔2011〕8号	关于免费对高校学生进行普通话水平测试的通知
京语办〔2011〕9号	关于组织参加第四届全国大学生语言文字基本功大赛的通知

京语办〔2011〕10号	关于开展计算机辅助普通话水平测试试点工作的请示
京语函〔2011〕1号	关于调整增补委员单位的函
京语〔2012〕1号	关于召开2012年度北京市语言文字工作会议的请示
京语〔2012〕2号	关于调整北京市语委委员单位的通知
京语〔2012〕3号	关于开展第二批语言文字规范化示范街道、示范乡镇创建评估工作的通知
京语〔2012〕4号	关于印发《"中国语言资源有声数据库北京库""北京语言文化资源信息库"建设工作方案》的通知
京语〔2012〕5号	关于公布第二批语言文字规范化示范街镇创建评估结果及认定第八批语言文字规范化达标单位的通知
京教语〔2012〕1号	关于公布第三批国家级语言文字规范化示范校名单的通知
京教语〔2012〕2号	关于开展第六批语言文字规范化示范校创建评估工作的通知
京教语〔2012〕3号	转发教育部等九部门关于开展第15届全国推广普通话宣传周活动文件的通知
京教语〔2012〕4号	关于认定北京市第六批语言文字规范化示范校的通知
京教语办〔2012〕1号	关于组织参加"中华诵·经典诵读行动"2012全国中小学生作文大赛的通知

北京市语言文字工作委员会发文目录

(1991年至2016年)

京语办〔2012〕1号	关于印发《北京市语言文字工作委员会2012年工作要点》的通知
京语办〔2012〕2号	关于同意中国传媒大学建立语言文字测试分中心的批复
京语办〔2012〕3号	关于同意北京华文学院建立语言文字测试分中心的批复
京语办〔2012〕4号	关于开展语言文字工作网站建设评比的通知
京语办〔2012〕5号	关于"北京语言文化资源数据库"建设工作方案的请示
京语办〔2012〕6号	关于同意北京京北职业技术学院建立语言文字测试分中心的批复
京语办〔2012〕7号	关于公布中华诵·2011全球华人学生暨全国学生规范汉字书写大赛北京赛区获奖人员名单的通知
京语办〔2012〕8号	关于公布规范汉字书写教育特色校名单的通知
京语办〔2012〕9号	转发全国推普周领导小组办公室关于向社会公开征集推普宣传素材文件的通知
京语办〔2012〕10号	关于公布"中华诵·2011经典诵读大赛"全国评审北京赛区获奖名单的通知
京语办〔2012〕11号	关于第15届全国推广普通话宣传周庆祝活动相关问题的报告
京语办〔2012〕12号	关于第15届全国推广普通话宣传周开幕式相关问题的报告

京语办〔2012〕13号	关于邀请市领导出席第15届全国推广普通话宣传周开幕式活动的请示
京语办〔2012〕14号	关于做好中国语言资源有声数据库北京库发音人招募、遴选工作的通知
京语办〔2012〕15号	关于邀请卫红同志出席第一届中国语言产业论坛开幕式活动的请示
京语办〔2012〕16号	关于邀请市领导出席第一届中国语言产业论坛开幕式活动的请示
京语函〔2012〕1号	关于调整增补委员单位的函
京语〔2013〕1号	关于开展2010—2012年度北京市语言文字工作先进集体和个人评选表彰工作的通知
京语〔2013〕2号	关于苟仲文副市长担任北京市语言文字工作委员会主任的请示
京语〔2013〕3号	关于《北京市实施〈国家中长期语言文字事业改革和发展规划纲要（2012—2020年）〉的意见》相关问题的请示
京语〔2013〕4号	关于商请开展《北京市实施〈中华人民共和国国家通用语言文字法〉若干规定》十周年执法调研工作的函
京语〔2013〕5号	关于表彰北京市2010—2012年度北京市语言文字工作先进集体和个人的决定
京语〔2013〕6号	关于成立"北京市语言文字工作委员会科研基地北京语言智能协同研究院"的批复

京语〔2013〕7号	关于开展第三批语言文字规范化示范街道示范乡镇创建评估检查暨执法调研工作的通知
京语〔2013〕8号	关于开展第16届全国推广普通话宣传周相关问题的请示
京语〔2013〕9号	关于开展第三批语言文字规范化示范街道示范乡镇创建评估检查暨执法调研工作的请示
京语〔2013〕10号	关于纠正海关总署牌匾用字问题的函
京语〔2013〕11号	关于纠正中华全国总工会牌匾用字问题的函
京语〔2013〕12号	关于杨晓超副市长担任北京市语言文字工作委员会主任的请示
京语〔2013〕13号	关于建立北京市盲人学校语言文字测试分中心并开展视障人员测试工作的通知
京语〔2013〕14号	转发国家语委、中国书法家协会关于开展"书法名家进校园"活动文件的通知
京语〔2013〕15号	关于公布第三批语言文字规范化示范街镇的通知
京教语〔2013〕1号	关于北京市实施《国家中长期语言文字事业改革与发展规划纲要(2012—2020)》的意见
京教语〔2013〕2号	关于加强区县公务员和和教师队伍语言文字培训测试工作的意见
京教语〔2013〕3号	转发教育部关于开展第16届全国推广普通话宣传周活动文件的通知

京教语〔2013〕4号	关于第七批语言文字规范化示范校创建评估工作的通知
京教语〔2013〕5号	关于认定北京西藏中学语言文字规范化示范校的通知
京教语〔2013〕6号	关于认定北京盲人学校语言文字规范化示范校的通知
京教语〔2013〕7号	关于转发教育部等12部门贯彻实施《通用规范汉字表》文件的通知
京教语〔2013〕8号	关于认定北京市第七批语言文字规范化示范校的通知
京教语办〔2013〕2号	关于进一步推进高校语言文字水平测试工作的意见
京教语办〔2013〕3号	转发教育部语用司关于在语言文字系统开展"我的中国梦"主题教育活动安排的通知
京语办〔2013〕1号	关于印发语言文字工作网站建设评审结果的通知
京语办〔2013〕2号	关于印发中国语言资源有声数据库北京库建设采录工作规范的通知
京语办〔2013〕3号	关于印发北京市语言文字工作委员会2013年工作要点的通知
京语办〔2013〕4号	关于公布第15届全国推普宣传素材征集活动、"中华诵·经典诵读行动"2012年全国中小学生作文大赛评审结果的通知
京语办〔2013〕5号	关于审定市语委委员名单的请示
京语办〔2013〕6号	关于同意北京吉利大学建立语言文字测试

北京市语言文字工作委员会发文目录
(1991年至2016年)

	分中心的批复
京语函〔2013〕1号	关于调整市语委组成人员的函
京语〔2014〕1号	关于开展第二届"中国汉字听写大会"参赛队伍选拔工作的通知
京语〔2014〕2号	关于开展北京市语言文化资源普查工作的通知
京语〔2014〕3号	关于成立北京华文学院语言文化传播研究中心的批复
京语〔2014〕4号	关于举办语言文字法规标准和语言文化建设培训会的通知
京教语〔2014〕1号	关于第八批语言文字规范化示范校创建评估工作的通知
京教语〔2014〕2号	关于开展第17届全国推广普通话宣传周活动文件的通知
京教语〔2014〕3号	关于认定北京市第八批语言文字规范化示范校的通知
京教语办〔2014〕1号	关于2014年中小学教师普通话水平提升培训工作的通知
京教语办〔2014〕2号	关于举办成语文化知识才艺竞赛决赛的通知
京语办〔2014〕1号	关于印发北京市语言文字工作委员会2014年工作要点的通知
京语办〔2014〕2号	关于开展普通话水平测试视导工作的通知
京语办〔2014〕3号	关于中等职业学校学前教育专业学生普通

	话水平测前培训工作的通知
京语办〔2014〕4号	关于同意对外经济贸易大学建立语言文字测试分中心的通知
京语办〔2014〕5号	关于扩大汉字应用水平测试试点工作规模的通知
京语〔2015〕1号	关于开展第三届"中国汉字听写大会"北京赛区参赛队伍选拔活动的通知
京语〔2015〕2号	关于成立北京市阅读能力研究发展中心的批复
京教语〔2015〕1号	关于加强高等学校语言文化建设的意见
京教语〔2015〕2号	关于第九批语言文字规范化示范校创建评估工作的通知
京教语〔2015〕3号	转发教育部等九部门关于开展第18届全国推广普通话宣传周活动文件的通知
京教语〔2015〕4号	关于认定北京市第九批语言文字规范化示范校的通知
京教语办〔2015〕1号	转发教育部关于举办2015年两岸大学生汉字文化创意大会文件的通知
京教语办〔2015〕2号	关于举办京津冀中小学生诵读演讲辩论赛的通知
京语办〔2015〕1号	关于印发北京市语言文字工作委员会2015年工作要点的通知
京语〔2016〕1号	关于开展2013—2015年度北京市语言文字

	工作先进集体和先进个人评选表彰工作的通知
京语〔2016〕2号	关于王宁副市长担任北京市语言文字工作委员会主任的请示
京语办〔2016〕1号	关于印发北京市语言文字工作委员会2016年工作要点的通知
京教语办〔2016〕3号	关于组队参加京津冀理工类高校魅力汉语大会的通知

附录

北京市实施《中华人民共和国国家通用语言文字法》若干规定

(2003年5月30日北京市第十二届人民代表大会常务委员会第四次会议通过,自2003年8月1日起施行)

第一条 为了实施《中华人民共和国国家通用语言文字法》,结合本市实际情况,制定本规定。

第二条 普通话和规范汉字的使用应当依据国家颁布的国家通用语言文字的规范和标准。

第三条 本市各级人民政府应当采取措施推广普通话和推行规范汉字。

市和区、县人民政府应当对语言文字工作部门开展工作所需人员和经费予以保证。

第四条 市和区、县语言文字工作部门管理和监督本行政区域内的国家通用语言文字的使用。

本市语言文字工作规划的制定以及普通话水平测试和培

训工作，由市语言文字工作部门负责。

第五条 本市对在通用语言文字使用和管理工作中做出显著成绩的组织和个人予以表彰或者奖励。

第六条 本市国家机关的会议用语、公共场合的讲话用语、公务活动中的交际用语、机关内部的工作语言等应当使用普通话。

国家机关的名称牌、公文、印章、标牌、标志牌、指示牌、电子屏幕、标语等应当使用规范汉字。

第七条 本市学校及其他教育机构在教育教学、会议、宣传和其他集体活动中应当以普通话为基本用语。

学校及其他教育机构的名称牌、标志牌、标语（牌）、指示牌、电子屏幕、公文、印章、校刊（报）、讲义、试卷、板报、板书等应当以规范汉字为基本用字。

本市教育行政部门、劳动和社会保障行政部门以及有关的主管部门，应当将用语用字规范化列入对学校及其他教育机构进行检查和评估的内容。

第八条 本市各级广播电台、电视台应当以普通话作为播音、主持、采访基本用语。

本市制作的影视作品的印刷体厂名、台名、制作单位名称、栏目名称、片名、字幕、演职员表、广告等应当以规范汉字为基本用字。

第九条 本市各有关部门新录（聘）用以普通话作为工作语言的播音员、节目主持人和影视话剧演员、教师、国家机关工作人员时，应当进行普通话水平测试，达到国家规定的等级标准。

第十条 本市以汉语文出版的各类报纸、期刊、图书、电子和网络出版物、音像制品等出版物的报头(名)、刊名、封皮、内文、广告等应当使用普通话和规范汉字。

经批准使用的报名、刊名中含有异体字、繁体字的报纸、期刊,在本报刊其他地方再现其名称时应当使用规范汉字。

本市新闻出版行政部门应当将国家通用语言文字的使用纳入出版物编校质量考评和年度检查的内容,作为评选优秀出版物的条件。

第十一条 在本市从事商业、邮政、电信、网络、文化、餐饮、娱乐、铁路、交通、民航、旅游、银行、保险、医疗以及其他直接面向公众服务的行业的人员,应当以普通话为基本服务用语。

公共服务行业的名称牌、指示牌、标志牌、招牌、公文、印章、票据、报表、说明书、电子屏幕、广告、宣传材料等,应当以规范汉字为基本服务用字。

第十二条 本市公共场所使用的题词和招牌中的手书字,提倡使用规范汉字。

本市山川、河流等地名标志,行政区划名称标志,居民地名称以及路名、街名、站名、桥名、建筑物名称标志,名胜古迹、纪念地、游览地标志等公共场所的设施用字应当使用规范汉字。

违反第二款规定的,由有关行政部门责令改正;拒不改正的,予以警告,并督促其限期改正。

第十三条 企业名称、商品名称以及广告应当以国家通用语言文字为基本用语用字。违反规定的,由本市工商行政部门依据有关法律、法规进行处理。

第十四条 在本市销售的商品的包装、标志、说明等应当以规范汉字为基本用字;信息处理和信息技术产品中使用的国家通用语言文字应当符合国家的规范和标准。违反规定的,由本市质量技术监督行政部门依据有关法律、法规进行处理。

第十五条 以普通话作为工作语言的岗位,其工作人员应当在工作中坚持使用普通话。违反规定的,由所在单位对其进行批评教育,责令改正。

第十六条 违反本规定第六条、第七条第一款和第二款、第八条、第九条、第十条第一款和第二款、第十一条规定的,由市和区、县语言文字工作部门或者有关单位对直接责任人员进行批评教育,责令改正。

第十七条 语言文字工作部门和其他有关部门及其工作人员应当依法履行职责;滥用职权或者不履行法定职责的,由所在单位或者上级主管部门对直接负责的主管人员和其他直接责任人员依法给予行政处分。

第十八条 本规定自 2003 年 8 月 1 日起施行。

北京市公共场所用字管理暂行规定

(北京市人民政府令 1994年第2号)

第一条 为加强公共场所用字管理,维护国家文字的统一,促进社会主义精神文明建设,根据国家有关规定,结合本市具体情况,制定本规定。

第二条 凡在本市行政区域内的公共场所使用汉字的单位或者个人,必须遵守本规定。

第三条 本规定所称公共场所,是指社会公众活动的处所,包括学校、医院、街道、游览区、展览馆、影剧院、体育场馆、机场、车站、市场等。

本规定所称公共场所用字,是指在公共场所使用的汉字,包括牌匾、广告、橱窗、灯箱、霓虹灯、标语、标志、路名牌、站名牌、立交桥名牌等用字。

第四条 市、区(县)语言文字工作委员会办公室在同级人民政府语言文字工作委员会的领导下,具体负责监督本规定的实施。

第五条 公共场所用字除本规定另有规定者外,必须符合以下规范标准:

（一）简化字以 1986 年 10 月 10 日经国务院批准重新发表的《简化字总表》为标准；

（二）异体字中的正体字以国家文化部和中国文字改革委员会 1955 年公布的《第一批异体字整理表》中的选用字为标准；

（三）印刷用字以国家语言文字工作委员会和新闻出版署 1988 年联合发布的《现代汉语通用字表》为标准。

第六条 不符合规范标准的公共场所用字，有下列情况之一的，可以使用：

（一）新中国成立前书写并沿用至今的老字号牌匾用字；

（二）文物古迹中原有的文字；

（三）已注册的商标定型字；

（四）经市语言文字工作委员会批准使用的文字。

第七条 违反本规定在公共场所使用不规范字的，由市、区(县)语言文字工作委员会办公室责令责任单位或责任人限期改正；逾期不改正的，按每字每日 100 元处以罚款，直至改正。

第八条 外地或境外的单位、个人，委托本市广告设计制作者代理制作的广告招牌中使用不规范字的，本市广告设计制作者为使用不规范字的责任单位或责任人。

第九条 本规定执行中的具体问题由市语言文字工作委员会负责解释。

第十条 本规定自 1994 年 4 月 1 日起施行。

北京市语言文字工作委员会领导、北京市语言文字工作委员会办公室负责人及工作人员

北京市语言文字工作委员会历任主任：

  陈昊苏 陆宇澄 胡昭广 林文漪 范伯元 赵凤桐 黄 卫 洪 峰 苟仲文 杨晓超 王 宁

* 由市人民政府副市长兼任。

北京市语言文字工作委员会历任副主任（负责常务工作）：

  黄乃昆 杨玉民 兰宏生 陶春辉 高玉琛 刘 莉 罗 洁 曹秀云 李 奕

* 由市教育行政部门分管领导担任，负责市语委常务工作。

北京市语言文字工作委员会办公室历任负责人：

  吕宏伟 范毓美 吴晓燕 贺宏志

北京市语言文字工作委员会办公室(市教委语言文字工作处)2008年至2016年工作人员：

  主任(处长)：贺宏志

  副主任(副处长)：安晶晶(2014年7月任)

  工作人员：吴晓燕(2008年12月退休)

      宋建民(曾返聘)

      杜琪方

      曾　婷(2016年3月调出)

      邓　鸿

      王利利

      展明锋(曾挂职副处长)

      王　芳(曾挂职处长助理)

      戈兆一(曾借调)

＊网址：www.beijing-language.gov.cn

北京市语言文字工作委员会组成部门
（2013年以来）

中共北京市委宣传部

首都精神文明建设委员会办公室

北京市人民政府办公厅

北京市教育委员会

北京市经济和信息化委员会

北京市公安局

北京市民政局

北京市人力资源和社会保障局

北京市规划委员会

北京市市政市容管理委员会

北京市交通委员会

北京市商务委员会

北京市旅游发展委员会

北京市文化局

北京市卫生计生委

北京市人民政府外事办公室

北京市工商行政管理局

北京市质量技术监督局

北京市新闻出版广电局

北京市人民政府侨务办公室

北京卫戍区政治部

北京市高级人民法院

北京市人民检察院

共青团北京市委员会

北京市城市管理综合行政执法局

北京市公园管理中心

北京广播电视台

北京日报社

北京师范大学

中国传媒大学

北京语言大学

首都师范大学

北京教育学院

北京华文学院

东城区语言文字工作委员会

西城区语言文字工作委员会

朝阳区语言文字工作委员会

海淀区语言文字工作委员会

丰台区语言文字工作委员会

石景山区语言文字工作委员会

门头沟区语言文字工作委员会
房山区语言文字工作委员会
通州区语言文字工作委员会
顺义区语言文字工作委员会
大兴区语言文字工作委员会
昌平区语言文字工作委员会
平谷区语言文字工作委员会
怀柔区语言文字工作委员会
密云区语言文字工作委员会
延庆区语言文字工作委员会

北京市各区语言文字工作委员会办公室负责人及主要工作人员(2008年以来)

东城区语委办公室

    主要工作人员：章力红

西城区语委办公室

    主任：郭晋华　郎　凯

    主要工作人员：文　越

朝阳区语委办公室

    主任：邱旭升　周　滢　韩　斌

    主要工作人员：张凤荣　孙婷婷　韩志波

海淀区语委办公室

    主要工作人员：杨钰岭　刘　征

丰台区语委办公室

    主任：齐照成　程　良　周泓宇

主要工作人员：果丽慧　吴　莹　杨采芳

石景山区语委办公室

主任：刘天柱　宋金华　管　娜
　　　李红艳（科长）　胡光熠（科长）
主要工作人员：彭中群　韩玉萍　白新茹

门头沟区语委办公室

主任：闫友元　高增波　候永忠
主要工作人员：陈菊新　炼成起　鲁燕明　李明智
　　　　　　　常广瑛

房山区语委办公室

主任：马亚森　高建来　康建兴
主要工作人员：许慧姝　李术彪

通州区语委办公室

主任：徐永常　李秀娜　邵　勐（副科长）
主要工作人员：纪　锋　邱　灏

顺义区语委办公室

主任：陈成国　张海东　孟朝晖
主要工作人员：贾立新　马亚军　徐振阳　闻淑君
　　　　　　　王桂英　刘　强　高　凤　沈浩发

昌平区语委办公室

  主任：刘月兰　钱正秒

  主要工作人员：孟春雨　赵家刚　苏凤兰　郎佩蘅

大兴区语委办公室

  主要工作人员：陈福华　李文芳　陈钟楠

平谷区语委办公室

  主任：张　发　郑凤波（副主任）

  主要工作人员：刘桂芳　高胜平　尤金香　张海静

       赵樱花　刘金玲

怀柔区语委办公室

  主任：胡忠德　王继承

  主要工作人员：解立军　董利齐　任会波

密云区语委办公室

  主任：任连凯　谷德贵

  主要工作人员：吴继忠　胡春玉

延庆区语委办公室

  主任：王淑英　吕　东

  主要工作人员：刘德华　房丽霞

北京市语言文字测试中心及分中心

北京市语言文字测试中心

主任：贺宏志

常务副主任：王德胜（2009年12月离任）

　　　　　　杨学军（2014年5月离任）

　　　　　　齐军华（2014年5月任）

副主任：李学文（2009年12月离任）

工作人员：薛新娟（2009年12月离任）

　　　　　李红芸（2009年12月离任）

　　　　　戈兆一（2015年12月离任）

　　　　　赵　晴

　　　　　李赫宇

　　　　　李志利

　　　　　朱海平

　　　　　兰竞彦（曾返聘）

　　　　　张　凯

＊网址：http://yuce.cnu.edu.cn

北京市语言文字测试分中心

  东城区语言文字测试分中心
  西城区语言文字测试分中心
  朝阳区语言文字测试分中心
  海淀区语言文字测试分中心
  丰台区语言文字测试分中心
  石景山区语言文字测试分中心
  通州区语言文字测试分中心
  大兴区语言文字测试分中心
  房山区语言文字测试分中心
  门头沟区语言文字测试分中心
  昌平区语言文字测试分中心
  顺义区语言文字测试分中心
  平谷区语言文字测试分中心
 *怀柔区语言文字测试分中心
  密云区语言文字测试分中心
  延庆区语言文字测试分中心
  北京师范大学语言文字测试分中心
  首都师范大学语言文字测试分中心
  北京语言大学语言文字测试分中心
  首都体育学院语言文字测试分中心
  北京联合大学语言文字测试分中心
  北京教育学院语言文字测试分中心
  中华女子学院语言文字测试分中心

中国传媒大学语言文字测试分中心
北京人民广播电台语言文字测试分中心
中央民族大学语言文字测试分中心
北京青年政治学院语言文字测试分中心
北京电子科技职业学院语言文字测试分中心
北京京北职业技术学院语言文字测试分中心
北京吉利大学语言文字测试分中心
对外经济贸易大学语言文字测试分中心
＊中央财经大学语言文字测试分中心
＊北京华文学院语言文字测试分中心
＊北京盲人学校语言文字测试分中心
＊北京教育科学研究院语言文字测试分中心
＊铁道部党校语言文字测试分中心
＊北京教育音像报刊总社语言文字测试分中心
＊北京高校毕业生就业指导中心语言文字测试分中心

（＊未开展或已停测试工作）

2. 首都高校语言文化建设研究。市语委立项。项目主持人：首都师范大学周建设教授。出版研究文集，已结项。

3. 北京语言文化建设现状与政策研究。市语委立项。项目主持人：北京语言大学张维佳教授。提交研究报告，已结项。

4. 中国城镇化进程中的语言文字问题及对策研究。国家语委立项。项目主持人：北京语言大学张维佳教授。提交研究报告，已结项。

5. 北京语言产业现状及发展政策研究。市语委立项。项目主持人：首都师范大学陈鹏教授。提交研究报告，已结项。

6. 语言教育规划研究。市语委立项。项目主持人：北京师范大学刘利教授。提交研究报告，已结项。

7. 语言产业的界定及其在新兴产业结构中的地位分析。国家语委立项。项目主持人：首都师范大学陈鹏教授。提交研究报告，已结项。

8. 语言文字法律法规规范标准及语言文化常识在线测试系统。市语委信息化项目。项目执行单位：北京教育信息网服务中心。上传北京语言文字网，已结项。

9. 海外华人普通话水平培训测试研究。市语委立项。项目主持人：北京华文学院郭熙教授。提交研究报告，已结项。

10. 语言文字工作体系研究。市语委立项。项目执行单位：东城区语委。提交研究报告，已结项。

11. 中国语言资源有声数据库北京库建设。国家语委、北京市语委重大项目。项目主持人：北京语言大学曹志耘教授。

北京市语言文字工作委员会研究基地
及研究项目、研究成果

研究基地：

1. 首都师范大学北京语言产业研究中心（主任：陈鹏教授）

2. 北京语言大学北京语言文化建设研究中心（主任：张维佳教授）

3. 首都师范大学北京语言智能协同研究院（院长：周建设教授）

4. 北京华文学院语言文化传播研究中心（主任：郭熙教授）

5. 商务印书馆北京市阅读能力研究发展中心（主任：周洪波编审）

研究项目：

1. 国际大都市语言文字社会应用监管机制比较研究。市语委立项。项目主持人：对外经济贸易大学杨言洪教授。提交研究报告，已结项。

通过国家语委专家组验收鉴定，已结项。

12. 行业领域语言文化建设研究。市语委重大项目。项目主持人：首都师范大学陈鹏教授，李艳副教授。提交研究报告，开展行业培训，已结项。

13. 行业语言服务的理论研究与规范制定。国家语委重点项目。项目主持人：贺宏志博士。提交研究报告，开展行业培训，已结项。

14. 语言产业经济贡献度分析。国家语委、北京市语委重大项目。项目主持人：首都师范大学陈鹏教授。项目在研。

15. 北京语言文化资源信息库及数字博物馆建设。市语委重大项目、信息化项目。项目主持人：北京语言大学张维佳教授。项目在研。

16. 面向基础教育和社会公众的通用规范汉字听说读写辅助训练系统。市语委重大项目、信息化项目。项目执行单位：北京语言文化建设促进会。项目在研。

17. 北京语言生活状况报告。市语委立项。项目主持人：北京师范大学王立军教授。项目在研。

18. 汉语文化传播的理论与实践研究。市语委立项。项目主持人：北京华文学院张德瑞教授。项目在研。

19. 师范院校语言能力建设及提高师范生语文素养对策研究。市语委立项。项目主持人：北京师范大学刁晏斌教授。项目在研。

20. 社区语言文化建设的理论与实践研究。国家语委立项。项目主持人：中国劳动关系学院高传智副教授。项目在研。

21. 我国语言康复业发展现状与对策研究。国家语委立项。项目主持人：首都师范大学李艳副教授。项目在研。

22. 语言会展业的界定及发展策略研究。国家语委立项。项目主持人：北京印刷学院王巍副研究员。项目在研。

23. 中华成语文化与社会主义核心价值观教育研究。市语委立项。项目主持人：首都医科大学吴云副研究员。项目在研。

24. 中小学生阅读与口语能力培养及评测体系研究。市语委立项。项目主持人：北京景山学校语文特级教师周群。项目在研。

研究成果：

1.《语言产业导论》（贺宏志主编，陈鹏副主编），首都师范大学出版社 2012 年 1 月出版。修订本《语言产业引论》，语文出版社 2013 年 12 月出版。

2.《语言文字应用》2012 年第 3 期编发"语言产业研究"专栏论文 5 篇，推介北京语言产业研究中心研究成果。

3.《欧洲语言产业规模之研究报告》（曾贞、王巍等译），语文出版社 2013 年 12 月出版。

4.《北京高校语言文化建设研究》（贺宏志、周建设主编），首都师范大学出版社 2013 年 7 月出版。

5.《语言文字应用》2014 年第 3 期编发"语言文化建设研究"专栏论文 4 篇，推介北京语言文化建设研究中心研究

北京市语言文字工作委员会主管的社会团体

北京语言文化建设促进会

(http://www.yucuhui.org.cn 或 www.languagepromotion.org.cn)

第一届理事会

  会长：胡昭广（原副市长）

  常务副会长兼秘书长：曹秀云（市教委委员）

  常务副会长：黄铭晖[北控捷通（北京）科技发展有限公司总经理]

  副会长、法人代表：李抗英（北京艾格瑞德科技有限公司董事长）

  副会长：田伯平（北京书法家协会副主席兼秘书长）

  副会长：陆铭琦（原市政府办公厅副主任）

  副会长：王东斌（北京爱朗格瑞科技有限公司董事长）

  副会长：王卓（科大讯飞北京公司总经理）

  监事长：李西勤（北京安信通网络技术有限公司总经理）

第二届理事会

  会长：王勇（北京市政交通一卡通有限公司董事长）

常务副会长：黄铭晖[北控捷通(北京)科技发展有限公司总经理]

副会长、法人代表：李抗英(北京艾格瑞德科技有限公司董事长)

副会长：王东斌(北京爱朗格瑞科技有限公司董事长)

副会长：王卓(科大讯飞北京公司总经理)

副会长：燕清(北控智慧城市有限公司总经理)

副会长：李琼(北京声之望听觉技术有限公司总经理)

监事长：李西勤(北京安信通网络技术有限公司总经理)

秘书长：雷静(北京普华智维科技有限公司总经理)

北京语言文字工作协会

(http：//www.bjywxh.org.cn)

第一届理事会

会长：王立军(北京师范大学文学院党委书记、教授)

副会长：周洪波(商务印书馆总编辑)

副会长：张维佳(北京语言大学校长助理、教授)

副会长：解小青(首都师范大学教授)

副会长：杨学军(首都师范大学教授)

副会长：王晖(教育部语言文字应用研究所所长助理、研究员)

副会长：王怀娟(北京市邮政商业信函局巡视员)

监事长：张志萍(北京汇文中学特级教师)

秘书长、法人代表：胡景旺(北京语言文字工作协会专职秘书长)

附录

北京市语言文字规范化示范校
(300所)

东城区史家胡同小学

北京市第一五六中学

西城区官园小学

北京市第十一中学

宣武区南菜园小学

朝阳区芳草地小学

朝阳区新源里第四小学

北京市第五十七中学

北京市第十二中学

丰台区第一小学

北京市苹果园中学

通州区玉桥小学

大兴区第二中学

房山区实验学校

房山区城关小学

门头沟区大峪第二小学

昌平区城关小学

顺义区第九中学

顺义区石园小学

平谷区平谷中学

怀柔区第一小学

密云区石城小学

延庆区第五中学

北京市第五中学

东城区和平里第九小学

北京市第一六一中学

北师大附属实验中学

西城区奋斗小学

北京市第六十六中学

北京市第一师范学校附属小学

朝阳区垡头小学

朝阳区三里屯幼儿园

海淀区艺术职业学校

海淀区羊坊店第四小学

丰台区左安门中学

丰台区青塔第二幼儿园

石景山区实验小学

通州区中山街小学

大兴区第一职业学校

房山区北潞园学校

房山区阎村镇阎村完全小学
门头沟区西辛房中学
昌平区二毛学校
昌平区实验小学
顺义区第三中学
顺义区东风小学
平谷区第一小学
怀柔区桥梓中学
延庆区第一中学
延庆区第一小学
密云区西田各庄镇中心小学
北京市第一六六中学
北京市国子监中学
北京市第六十三中学
首都师范大学第二附属中学
北京市第九中学
房山区良乡第三中学
房山区北洛中学
顺义区第五中学
平谷区第三中学
北京市东高地外国语学校
崇文区光明小学
崇文区崇文小学
崇文区培新小学

北京第一实验小学
朝阳区实验小学
海淀区实验小学
丰台区丰台第五小学
丰台区丰台第二小学
门头沟区龙门小学
房山区良乡第三小学
大兴区第八小学
通州区东方小学
通州区后南仓小学
顺义区马坡中心小学
平谷区第三小学
平谷区第五小学
昌平区巩华中心小学
密云区檀营满族蒙古族乡中心小学
延庆区沈家营中心小学
延庆区第二幼儿园
北京市立新学校幼儿园
北京市第五十五中学
东城区西中街小学
西城区北礼士路第一小学
崇文区前门小学
崇文区回民小学
朝阳区沙板庄小学

北京市十一学校

北京钢铁学院附属中学

北京石油学院附属中学

丰台区黄土岗小学

丰台区长辛店第二小学

北京市同文中学

门头沟区军庄中学

门头沟区育园小学

门头沟区东辛房小学

房山区良乡中心校东沿村小学

房山区长阳中学

通州区运河小学

通州区官园小学

大兴区第二小学

大兴区第二幼儿园

顺义区第八中学

顺义区后沙峪中心小学校

怀柔区九渡河中学

平谷区第九小学

昌平区第二实验小学

延庆区第八中学

延庆区第一幼儿园

延庆区第三幼儿园

密云区第三中学

密云区第三小学

东城区安外三条小学

北京市第一幼儿园附属实验园

崇文区景泰小学

北京市玉渊潭中学

中国农业科学院附属小学

北京市航天中学

丰台区长辛店第一小学

北京市京源学校

石景山区银河小学

通州区潞河中学

通州区运河中学

大兴区青云店中学

北京小学翡翠城分校

房山区房山中学

房山区昊天学校

房山区韩村河镇五侯中心小学

门头沟区大峪第一小学

门头沟区育新学校

昌平区西贯市回民小学

顺义区第十中学

顺义区西辛小学

平谷区第四小学

怀柔区北房镇中心小学

附录

延庆区十一学校

延庆区永宁小学

密云区第二小学

密云区南菜园小学

北京市第二十七中学

东城区东交民巷小学

北京市第十五中学

北京第二实验小学

北京市东方德才学校

海淀实验中学

海淀区上地实验小学

海淀区五一小学

丰台区丰台第二小学

石景山区实验中学

石景山区金顶街第四小学

北京市史家小学通州分校

通州区第六中学

大兴区第一中学

大兴区第十小学

房山区燕山星城小学

房山区窦店中心小学

北京第二实验小学永定分校

门头沟区黑山小学

昌平区小汤山中学

北京市牛栏山一中实验学校

顺义区天竺中心小学校

平谷区大兴庄学区

怀柔区实验小学

怀柔区汤河口镇中心小学

密云区东邵渠镇中心小学

密云区河南寨中学

北京师范大学密云实验中学

延庆区第三小学

延庆区西屯中心小学

北京景山学校

北京市第二十一中学

东城区黑芝麻胡同小学

东城区地坛小学

北京市裕中中学

西城区康乐里小学

西城区青年湖小学

北京市劲松职业高中

北京市第九十四中学机场分校

朝阳区星河实验小学

北京市第十九中学

海淀区红英小学

海淀区亮甲店小学

丰台区纪家庙小学

丰台区新发地小学

丰台区卢沟桥第一小学

丰台区东高地第三小学

北京师范大学励耘实验学校

通州区教师研修中心实验学校

北京小学通州分校

北京市育才学校通州分校

大兴区第七小学

房山区房山长育中心小学

房山区良乡镇太平庄小学

门头沟区坡头中学

门头沟区王平村中心小学

昌平区南邵中学

昌平区百善学校

昌平区回龙观中心小学

顺义区第二中学

顺义区光明小学

顺义区仁和中心幼儿园

平谷区峪口镇第一学区

平谷区第六小学

怀柔区雁栖学校

怀柔区杨宋镇中心小学

怀柔区渤海镇中心小学

密云区第二幼儿园

延庆区第二小学

延庆区大榆树中心小学

东城区和平里第三小学

东城区青年湖小学

北京市育才学校

西城区育翔小学

北京师范大学朝阳附属中学

北京市团结湖第三中学

朝阳师范学校附属小学

朝阳区芳草地国际学校富力分校

北京第二外国语学院附属小学

北京市中关村中学

海淀区教师进修学校附属实验学校

海淀区双榆树中心小学

丰台区西罗园第五小学

丰台区西罗园第六小学

北京市古城中学

北京教育科学研究院通州区第一实验小学

通州区永顺镇中心小学

大兴区社区学院

大兴区采育镇第三中心小学

房山区良乡第二中学

房山区第二职业高中

北京市燕山向阳小学

北京市大峪中学分校

昌平区第四中学

昌平区回龙观第二小学

顺义区牛栏山第一中学

平谷区第五中学

怀柔区第三小学

密云区第四小学

延庆区八里庄中心小学

北京市第六十五中学

东城区大方家回民幼儿园

北京国际职业教育学校

东城区天坛东里小学

北京市第三十五中学

北京市回民学校

宣武师范学校附属第一学校

西城区师范学校附属小学

西城区三里河第三小学

北京教育科学研究院附属实验中学

北京市朝阳外国语学校

北京第二外国语学院附属中学

朝阳区第二实验小学

朝阳区十八里店小学

北京市三里屯第一中学

北京教育学院朝阳分院附属学校

朝阳区花家地实验小学

朝阳区八里庄中心小学

北京工业大学实验学校

朝阳区社区学院

中国人民大学附属中学

北京大学附属中学香山分校

海淀外国语实验学校

中国人民大学附属中学分校

北京大学附属小学

清华大学附属小学

北京四中璞瑅学校

北京舞蹈学院附中丰台实验小学

首都师范大学附属云岗中学

丰台区玉林小学

石景山区古城第二小学

北京景山学校远洋分校

通州区第二中学

通州区马驹桥学校

通州区玉桥中学

通州区漷县镇中心小学

大兴区第五小学

大兴区魏善庄中学

大兴区黄村第三幼儿园

房山区良乡第六中学

房山区葫芦垡中学

房山区琉璃河镇中心小学

北京市燕山前进中学

房山区大安山乡中心校

房山区第四中学

门头沟区潭柘寺中心小学

门头沟区潭柘寺中学

昌平区崔村中心小学

昌平区亭自庄学校

昌平区城北中心小学

昌平区前锋学校

顺义区双兴小学

顺义区杨镇第一中学

平谷区山东庄中学

平谷区马昌营学区

怀柔区第三中学

首都师范大学附属红螺寺中学

密云区果园小学

密云区西田各庄中学

延庆区第二中学

延庆区特殊教育中心

北京西藏中学

北京盲人学校

北京市语言文字规范化示范街道、示范乡镇（100个）

东城区龙潭街道

东城区景山街道

东城区北新桥街道

西城区月坛街道

朝阳区孙河乡

海淀区甘家口街道

丰台区太平桥街道

石景山区八角街道

通州区漷县镇

大兴区兴丰街道

房山区长阳镇

门头沟区王平镇

昌平区城北街道

顺义区牛栏山镇

顺义区大孙各庄镇

平谷区滨河街道

附录

平谷区王辛庄镇

怀柔区九渡河镇

延庆区八达岭镇

密云区西田各庄镇

密云区河南寨镇

东城区东花市街道

东城区东四街道

西城区椿树街道

朝阳区望京街道

海淀区青龙桥街道

海淀区香山街道

丰台区右安门街道

石景山区鲁谷社区

通州区张家湾镇

通州区新华街道

大兴区清源街道

大兴区亦庄镇

大兴区安定镇

房山区拱辰街道

房山区青龙湖镇

房山区长沟镇

门头沟区潭柘寺镇

门头沟区城子街道

昌平区小汤山镇

顺义区天竺镇

顺义区李桥镇

顺义区南彩镇

平谷区平谷镇

怀柔区桥梓镇

怀柔区怀柔镇

密云区鼓楼街道

密云区石城镇

延庆区儒林街道

延庆区四海镇

东城区安定门街道

西城区展览路街道

西城区陶然亭街道

西城区广安门外街道

朝阳区劲松街道

朝阳区香河园街道

朝阳区八里庄街道

朝阳区亚运村街道

朝阳区大屯街道

朝阳区将台乡

朝阳区来广营乡

朝阳区管庄乡

朝阳区东坝乡

朝阳区平房乡

朝阳区小红门乡

海淀区清华园街道

海淀区紫竹院街道

海淀区北太平庄街道

海淀区万寿路街道

海淀区上地街道

海淀区四季青镇

丰台区马家堡街道

丰台区西罗园街道

丰台区卢沟桥街道

丰台区方庄地区

丰台区花乡

石景山区八宝山街道

通州区玉桥街道

通州区永顺镇

大兴区天宫院街道

大兴区魏善庄镇

房山区窦店镇

房山区阎村镇

房山区琉璃河镇

门头沟区大峪街道

昌平区回龙观镇

昌平区百善镇

昌平区南邵镇

昌平区延寿镇

顺义区空港街道

顺义区后沙峪镇

顺义区高丽营镇

平谷区兴谷街道

平谷区马坊镇

怀柔区杨宋镇

怀柔区北房镇

密云区果园街道

密云区檀营地区

延庆区香水园街道

延庆区康庄镇

北京市语言类非物质文化遗产名录

序号	区	语言类非物质文化遗产名称
1	东城区	民间传说、民间故事
2		灯谜
3		篆刻书法(李早成)、篆刻书法(宿悦)
4		老北京叫卖吆喝(卢志东、臧鸿、马松林、张振元、张桂兰)
5		牛骨数来宝(孟新)、牛骨数来宝(姚金田)
6		京东大鼓
7		太平歌词
8		花棍舞词
9		北京童谣
10		京东弦子书
11		什不闲·莲花落
12		北京拉洋片儿
13		梁厚民快板艺术
14		胡同的由来
15		崇文地名文化
16	西城区	西城风俗传说
17		皇城传说
18		西城地名传说

续表

序号	区	语言类非物质文化遗产名称
19	西城区	西城胡同传说
20		西城民间故事
21		西城民间歌谣
22		西城民间童谣
23		西城民间谚语
24		宣武民间谚语
25		宣武民间歌谣
26		宣武民间传说
27		宣南老地名的由来
28		篆刻技艺（赵程久）
29		印章制纽（韩宝玉）
30		削金篆刻（艾玉源）
31		萃文阁牛角水印印章雕刻
32		岔曲
33		北京评书
34		快板书
35		联珠快书
36		单弦
37		北京琴书
38		太平歌词
39		京东大鼓
40		梅花大鼓
41		含灯大鼓
42		京韵大鼓
43		八角鼓
44		什不闲莲花落

续表

序号	区	语言类非物质文化遗产名称
45	西城区	天桥拉洋片
46		天桥双簧
47		弦子双簧
48		老北京叫卖吆喝
49		琉璃厂书肆文化
50		老天桥艺人行话
51		法源寺丁香诗会
52		地书
53	朝阳区	满语
54		民间故事、民间传说
55		朝阳民谣
56		朝阳民歌
57		朝阳区内地名由来
58		高碑店科举匾额
59		书法碑刻艺术（陈光明）
60		屏风刻字（董善昶）
61		楹联习俗
62		龙凤书法（刘万正）
63		微书（李尧）
64		蒙文书法
65		京味吆喝（武荣璋）
66		快板
67		八角鼓
68		奉调大鼓
69		单弦牌子曲
70		拉洋片

续表

序号	区	语言类非物质文化遗产名称
71	海淀区	民间传说、民间故事
72		北京满族民间故事
73		海淀民歌
74		纳兰性德诗
75		北京土语
76		民间俗语
77		铜印章錾刻（李宁）
78		金石篆刻（温维世）
79		京剧戏名篆刻（邓振海）
80		竹刻书法（邓振海）
81		颖拓艺术（宋致中）
82		莲花落
83	丰台区	民间传说、民间故事
84		丰台各地地名的来历
85		丰台民间歌谣
86		丰台民间谚语
87		丰台歇后语
88		大灰厂家族称谓
89	石景山区	民间传说、民间故事
90		石景山民间歌谣
91		石景山地区童谣
92		石景山民间谚语
93		石景山地名诗词
94		石景山地区老楹联
95		剑书（白书杰）
96		西山刻石传拓技艺（姜希伦）

续表

序号	区	语言类非物质文化遗产名称
87	石景山区	石景山太平歌
98		奉调大鼓
99		北京马派河南坠子
100		落子腔
101		石景山民间小唱、民间喜歌
102		石阙书法
103	大兴区	大兴方言土语
104		大兴民间传说
105		大兴村名传说
106		大兴近代人物故事
107		大兴民间歌谣
108		大兴民间谚语
109		大兴谜语
110		大兴歇后语
111		大兴寓言
112		诗赋弦
113		蹦蹦戏
115		朱庄单琴大鼓
116		再城营五音大鼓
117		小黑垡诗迷弦
118		家人之间习惯称谓
119	房山区	民间传说、民间故事
120		房山有关地名的由来
121		房山民间谚语
122		雕石、刻字技能(吴克平)
123		山梆子戏

续表

序号	区	语言类非物质文化遗产名称
124	房山区	哈哈腔
125		太平鼓唱曲
126		高跷唱曲
127	门头沟区	门头沟斋堂方言
128		民间传说、民间故事
129		门头沟民间歌谣
130		柏峪燕歌戏
131		苇子水秧歌戏
132		山梆子戏
133		蹦蹦戏
134		门头沟有关地名的由来
135	昌平区	昌平方言
136		昌平民间神话
137		昌平民间传说
138		昌平民间故事
139		昌平民间歌谣、儿歌童谣、罐歌夯歌
140		昌平民间谚语
141		谜语
142		歇后语
143		山梆子戏
144		王冯氏篆刻
145		昌平有关地名的由来
146	怀柔区	民间传说、民间故事
147		怀柔有关地名的由来
148		怀柔民间歌谣
149		对联习俗

续表

序号	区	语言类非物质文化遗产名称
150	怀柔区	谜语
151		十不闲
152		大鼓书
153	顺义区	民间传说、民间故事
154		顺义民歌
155		夯歌(劳动号子)
156		十目弦
157		什不闲
158		诗赋弦
159		李佩快板书
160		彭慧芳快板
161	通州区	民间传说、民间故事
162		通州村名传说
163		通州民谣歌谣
164		通州民间谚语
165		通州方言土语
166		通州运河船工号子
167		通州民歌、夯歌
168		酒令
169		郭村蹦蹦戏
170		柴家务村莲花落
171		单琴大鼓

续表

序号	区	语言类非物质文化遗产名称
172	平谷区	平谷方言
173		民间传说、民间故事
174		平谷风俗传说
175		平谷风物传说
176		平谷人物传说
177		平谷村落域名传说
178		平谷民间歌谣、儿歌童谣、夯歌
179		谚语
180		谜语
181		十不闲
182		大鼓书
183		西河大鼓
184		平谷调
185		丫髻山碑刻文化
186	延庆区	民间传说、民间故事
187		民歌民谣、儿歌童谣
188		民间谚语
189		谜语
190		歇后语
191		延庆土话,延庆方言特色及其成因
192		延庆古诗词
193		山梆子戏
194		快板
195		京东大鼓
196		西河大鼓
197		四音大鼓

续表

序号	区	语言类非物质文化遗产名称
198	延庆区	拉洋片
199		乡村叫卖吆喝
200	密云区	满族方言
201		满族姓氏来历
202		满族称谓
203		密云民间故事传说
204		密云民间歌谣
205		密云民间谚语
206		白龙潭碑林文化
207		拉洋片
208		密云蔡家洼村五音大鼓

后　记

　　北京市语言文字工作委员会成立三十年了。对于个人来说，"三十而立"，意味着自立与成熟、责任与担当，以及对未来的希望与期待；就一个机构来说，一件工作做了三十年，这一过程及其结果，我们想一定有着同样的意味。

　　关于"语言""语言文字""语言文字工作"及至新近出现的"语言文化建设"这些词汇的理解，我们就不在这篇短短的后记中再费工夫了。所有的意味和理解，已经通过这本书的图文所记载的行动与实践进行了阐释与展现。

　　在此需要特别说明的是，因为种种原因，前二十年尤其是前十年的档案资料的保存遭遇损失，尽管编撰团队做了不小的努力，试图通过多种渠道予以弥补，但还是留下遗憾。"前人栽树，后人乘凉"，朴素的话语中丰富而深刻的内涵，足以表明前辈的业绩绝不会因图文的一些缺失而被掩藏。现实从过去走来，以历史为基础；当然，现实必然走向将来，而成为未来的基础。

　　三十年已走过了。下一个三十年乃至下一个三十年之后的三十年呢？

　　继往开来，同仁们，继续努力吧！

丰富的
宣传教育材料

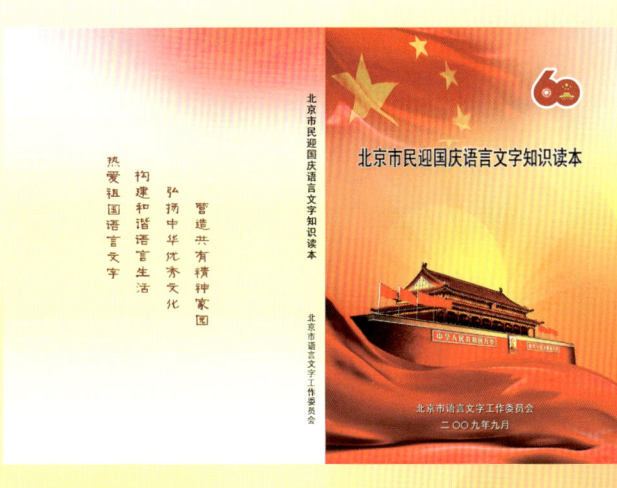

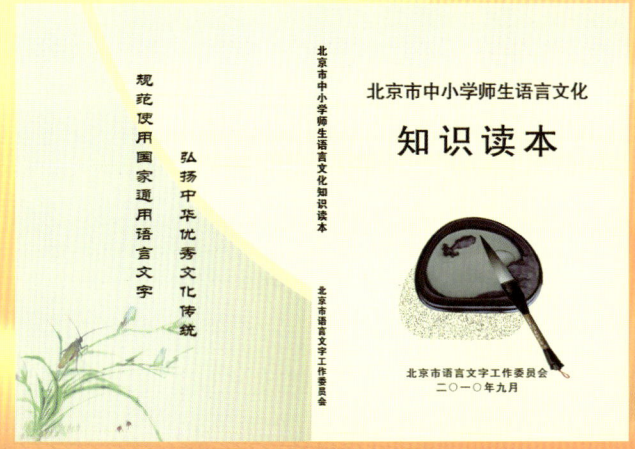

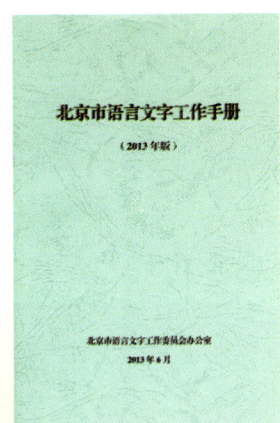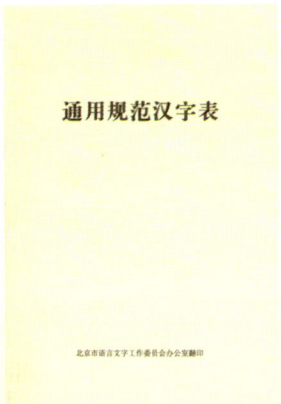

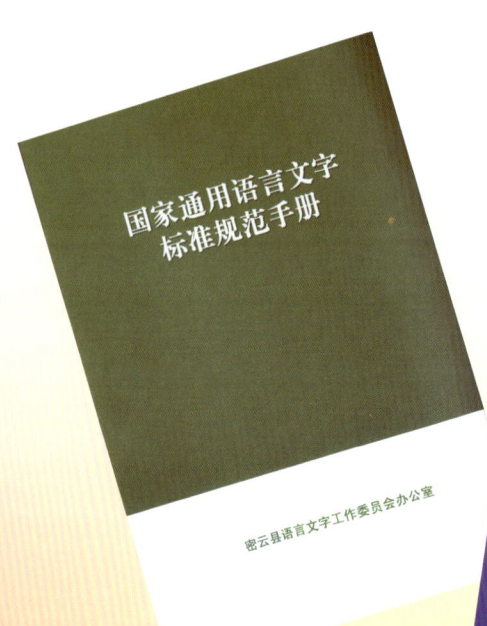

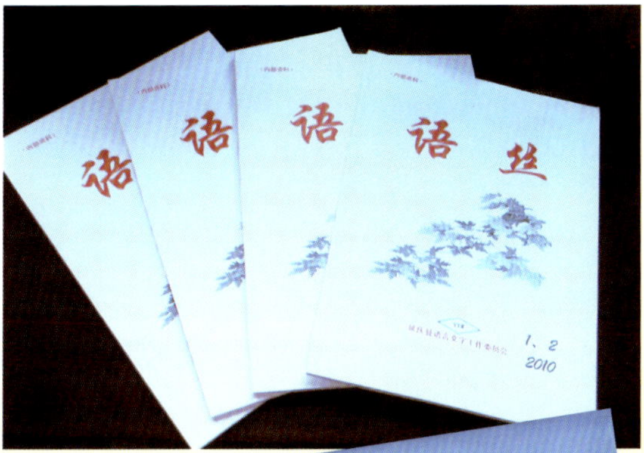
语丝
1、2
2010

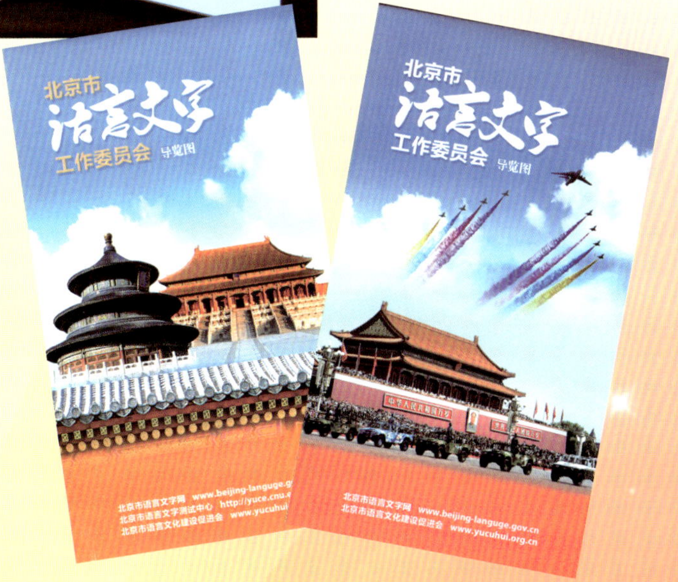
北京市
语言文字
工作委员会 导览图
北京市
语言文字
工作委员会 导览图
北京市语言文字网 www.beijing-languge.gov.cn
北京市语言文化建设促进会 www.yucuhui.org.cn

北京市昌平区
教育文化
MAP
资源导图
北京市昌平区教育委员会
北京市昌平区语言文字工作委员会

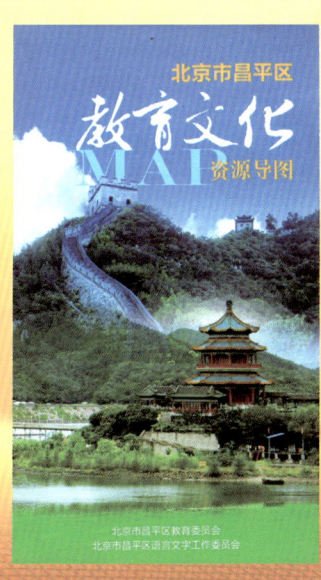

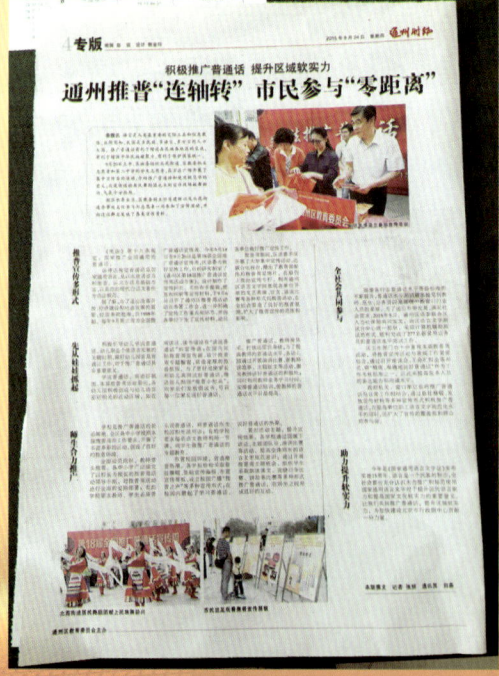

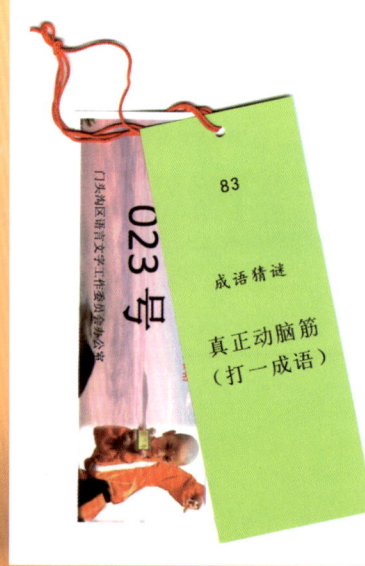

丰硕的
应用研究成果

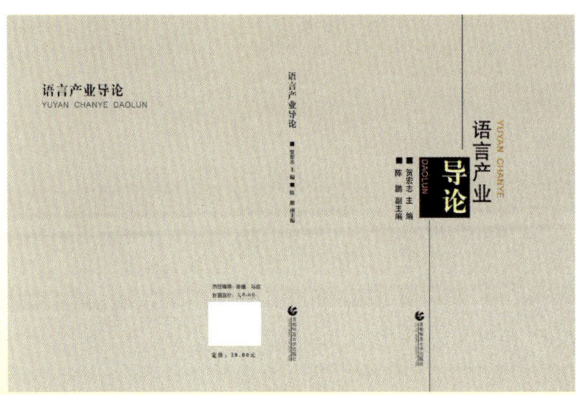

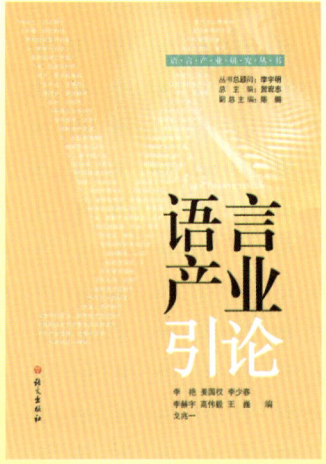

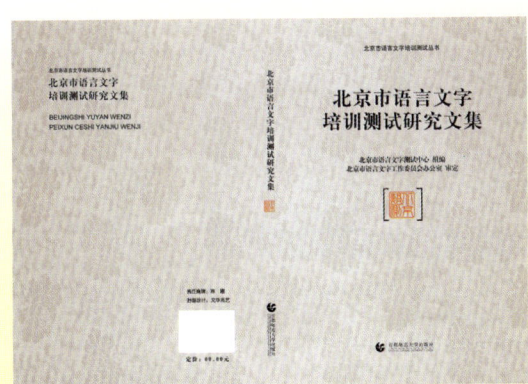

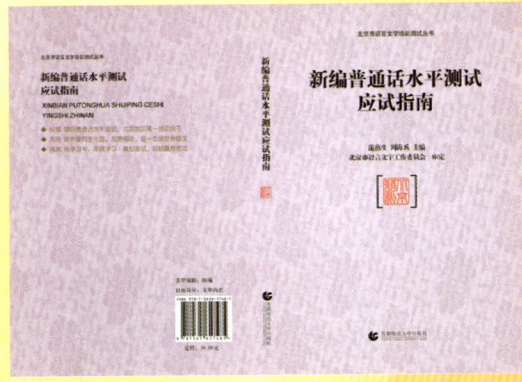

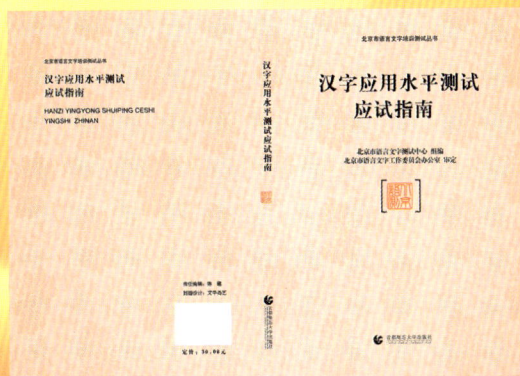

北京市民语言文化阅读书系
奇妙的成语世界
——成语文化读本
袁钟瑞 杨学军 主编
走进成语世界 感受语言魅力
商务印书馆

常用字笔顺字典
（修订本）
北京市语言文字工作委员会办公室
北京教育出版社

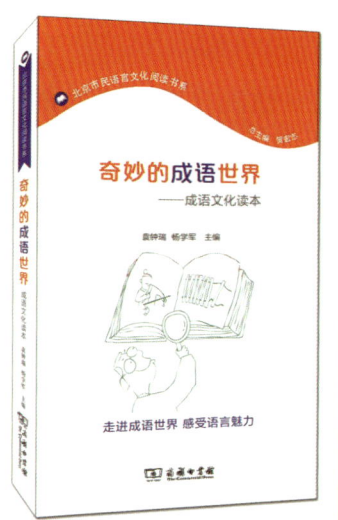

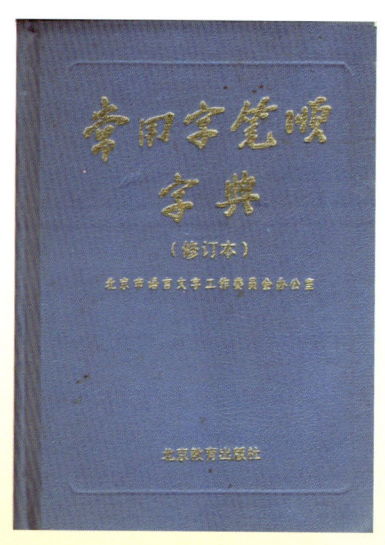

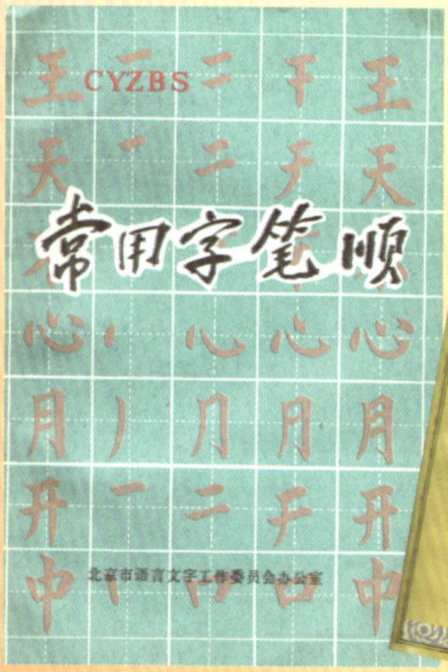
CYZBS
常用字笔顺
北京市语言文字工作委员会办公室

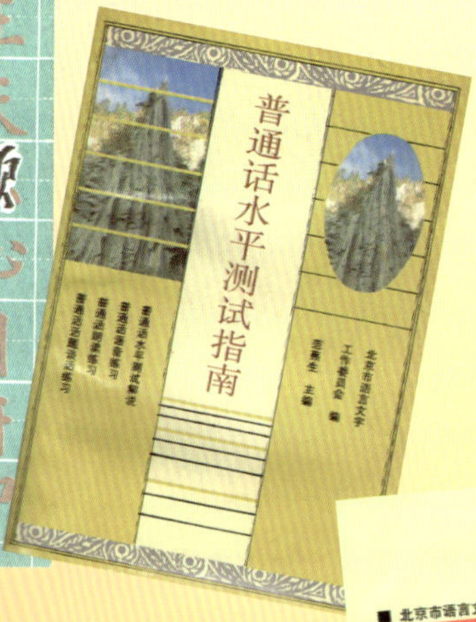
普通话水平测试指南

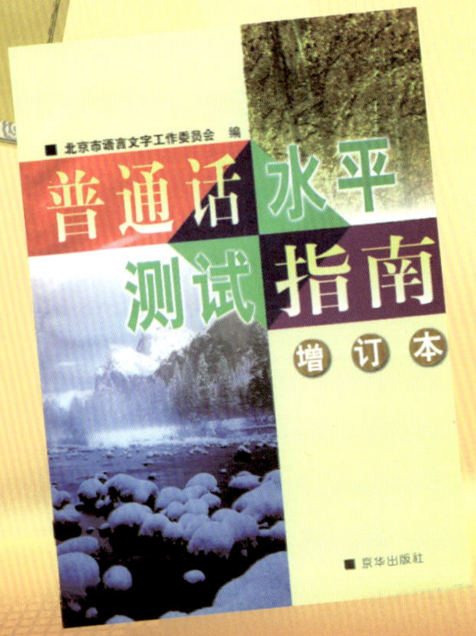
北京市语言文字工作委员会 编
普通话水平测试指南
增订本
京华出版社

深入的
基层宣教活动